SHODENSHA
SHINSHO

乱と変の日本史

本郷和人

祥伝社新書

はじめに

日本史を概観すると、中世に乱と変が多いことがわかります。意外にも、戦いに明け暮れた戦国時代は合戦《かっせん》こそ多いものの、乱と変は多くありません。ちなみに、日本史における中世とは主に鎌倉時代・室町時代、すなわち十二世紀後半から十六世紀後半まで約四〇〇年間を指します。

なぜ中世に乱と変が多いのか。

それは、中世が「武士の時代」であり、彼らによる異議申し立てが頻発《ひんぱつ》したからです。平安時代は藤原《ふじわら》氏に代表される貴族の時代でしたが、その末期および鎌倉時代に、武士の時代へと変わりました。武士とは闘争することを表《おもて》稼業にしている人たちですから、戦わなければ存在理由がありません。彼らは話し合いによる、政治的解決はあまり得意でありませんでしたから、戦いが多くなるのは当然のことでした。

また、中世を通して政治権力が脆弱《ぜいじゃく》だったこともあります。基本的に統一権力がなかっただけでなく、政権の支配力もきわめて弱いものでした。ですから、ついつい腕《うで》っ節《ぷし》に物を言わせるという知恵のないやり方が横行し、自分たちの利益を追求するためには、敵対勢力を潰《つぶ》すことを厭《いと》わなかったのです。

武士の時代ということでは江戸時代も同様ですが、江戸幕府は室町幕府とは異なり、強力な上部組織によって全国の武士たちを支配しました。そして戦国時代があまりに悲惨だったこともあり、戦いを忌避《きひ》する傾向が強く、戦いをせずにすませる努力がなされたのです。さらに、近世の武士は、中世の武士に比べてずっと賢《かしこ》く、勝つためにどう戦うかだけでなく、戦いが何をもたらすかについてもよく勉強して弁《わきま》えていました。

中世の武士たちは、そのような知的なトレーニングを積んでいませんでした。ですから、権力や財などを目の前にぶら下げられると、つい欲しくなり、戦いによって奪い取る道を選んだのです。

今回、中世を中心に一〇章にわたり、乱と変を取り上げました。いずれも、日本史の転換点となったもの、あるいは転換点を引き寄せる要因となったものです。

ひとつひとつの乱と変を掘り下げることはもちろんのこと、すべてをつなげてみると、日本史を貫《つらぬ》く原理のようなものが見えてきます。すなわち、この国では誰がどのような時に勝利し、敗れる者は何ゆえ敗れるのか。

　歴史は勝者によって作られる――。よく言われることですが、本当にそうでしょうか。乱と変を見ていくと、敗者もまた歴史を作っていることがよくわかります。そして、彼らをも包含《ほうがん》する豊かさを、日本史は持っているのです。

　フランスの哲学者アレクサンドル・コジェーヴは「人間の歴史を学びたいのであれば、日本の歴史を学べ」と述べました。つまり、われわれは最高のテキストを持っているわけです。それを、武士の時代における乱と変から読み解いていきます。

　まずは、「序　乱と変から何がわかるか」からお読みください。

二〇一九年二月

本郷和人《ほんごうかずと》

目次

序　乱と変から何がわかるか

第一章　平将門の乱

第二章　保元の乱、平治の乱

第三章 治承・寿永の乱

第四章　承久の乱

第五章　足利尊氏の反乱

第六章　観応の擾乱

第七章　明徳の乱

第八章　応仁の乱

結　日本史における「勝者」の条件

編集協力　瀧井宏臣
図表作成　篠　宏行

序

乱と変から何がわかるか

乱か、変か

承久《じょうきゅう》三（一二二一）年、後鳥羽《ごとば》上皇が鎌倉幕府の倒幕をはかるも敗北し、流罪《るざい》（島流し）となったのが「承久の乱（第四章で詳述）」ですが、戦前は「承久の変」と呼ばれていました。

皇国史観や、天皇を絶対不可侵で不敗不滅とする考えからすれば、武士が朝廷に勝利した、賊軍《ぞくぐん》が官軍を打ち破った承久の乱はあってはならないものでした。ですから、大した戦いではなかったという意味で「変」を使い、学校ではあまり教えないという方針が取られたのです。

しかし、当時の日本全体を揺るがした大規模な戦いであり、「承久の乱」と呼ぶのがふさわしいと、学習院大学教授の安田元久《やすだもとひさ》さん（故人）は指摘しています。ちなみに、安田教授は皇太子・徳仁《なるひと》親王（二〇一九年五月に天皇に即位予定）の指導教員をされていた方です。

この指摘に、乱と変の関係性が端的《たんてき》にうかがえます。つまり、国全体を揺るがすような大きな戦いを「乱」、影響が限定的で規模の小さな戦いを「変」ととらえていいのではないか。さらに一歩進めて――非常に大きな歴史変動を引き起こす事案が「乱」であり、それほどでもないのが「変」である。また、単発の戦いではなく、数カ月から数年かけて起きたひと続きの戦いであれば「乱」――ととらえていいかもしれません。

たとえば、貞観《じょうがん》八（八六六）年に起きた「応天門《おうてんもん》の変」は、大納言《だいなごん》・伴善男《とものよしお》が左大臣《さだいじん》・源信《みなもとのまこと》の失脚をはかって応天門に放火して流罪となった事件です。

この結果、権力を握っていた藤原氏の優位が揺らいだり、伴氏が藤原氏に取って代わったりして、政治状況が大きく変わったのであれば「応天門の乱」と言ってもいいでしょう。しかし、実際には事件後も藤原氏の優位は変わらず、むしろ勢力を強めたわけですから、やはり応天門の変でいいということになります。

歴史学上の定義はない!?

日本史の特徴のひとつに、西洋史に比べてきわめて戦争が少ないことが挙げられますが、それでも数多くの戦いが行なわれてきました。

その名称はさまざまで、「乱（例・承久の乱）」「変（例・本能寺《ほんのうじ》の変、第九章で詳述）」「役《えき》

（例・前《ぜん》九年の役）」「戦い（例・長篠《ながしの》の戦い）」「合戦（例・宝治《ほうじ》合戦）」「陣《じん》（例・大坂の陣）」「騒動（例・霜月《しもつき》騒動、第四章で後述）」などがあります。ちなみに、「戦《いくさ》」はおおむね、個々の合戦のことを指します。

霜月騒動は、鎌倉幕府の御家人《ごけにん》・安達泰盛《あだちやすもり》が滅《ほろ》ぼされた事件です。弘安《こうあん》八（一二八五）年の霜月（十一月）に起きたので、こう呼ばれていますが、そもそも名前のつけ方が妙で、ネーミングセンスも悪いと思います。規模から言えば、「騒動」ではなくて「乱」がふさわしいでしょう。

同じく鎌倉時代の宝治合戦は、御家人の三浦泰村《みうらやすむら》が滅ぼされた事件ですが、乱でも変でもなく、合戦となっています。宝治元（一二四七）年に起きたので、こう呼ばれたのですが、これに倣《なら》えば、霜月騒動は「弘安合戦」ということになります。

観応《かんのう》の擾乱《じょうらん》（第六章で詳述）に至っては、ほかに「擾乱」という言葉を使った事例がないのですから、表現を変更したほうがいいと思います。

また、応仁《おうにん》の乱は応仁元（一四六七）年から一一年間にわたって戦争状態が続き、一回戦ってお終《しま》いという戦いとはまったく異なりますから、格を上げて「応仁の大乱」などと呼んだほうがわかりやすくなります。

慶長《けいちょう》五（一六〇〇）年に行なわれた関《せき》ヶ原《はら》の戦いは、徳川家康《とくがわいえやす》が率《ひき》いる東軍と石田三成《いしだみつなり》が率いる西軍が関ヶ原で衝突し、一日で東軍の勝利が決まりました。しかし実際には、家康が上杉景勝《うえすぎかげかつ》の征伐のために出陣するところから始まり、毛利輝元《もうりてるもと》を追い出して大坂城《おおさか》を占拠するところで終わるわけですから、大規模な戦いです。

しかも、当時の日本列島において東北と九州では独自の動きが展開され、それぞれに戦いが行なわれていました。ですから、一日で勝敗が決した関ヶ原の戦いだけでなく、日本全体の戦いとしてとらえるならば、「慶長戦役《せんえき》」「慶長の大乱」と言うほうが事実に即していると思うのです。

豊臣《とよとみ》氏が滅亡した大坂の陣（大坂冬の陣と大坂夏の陣）についても、首を傾《かし》げざるをえません。「大坂城の戦い」のほうが状況に合致《がっち》しています。

明治以後には、戊辰《ぼしん》戦争や西南《せいなん》戦争（結で後述）など、「戦争」という表現も出てきます。一八七七年に起きた西南戦争は、不平士族の反乱全体を指すのであれば「戦争」でかまいませんが、西郷隆盛《さいごうたかもり》が率いた薩摩《さつま》藩士族たちの反乱ととらえれば、日清戦争、日露戦争、太平洋戦争などの対外戦争と、同列の表現にすることに違和感があります。

同じく、不平士族の反乱である佐賀《さが》の乱・秋月《あきづき》の乱・神風連《じんぷうれん》の乱と、天武《てんむ》元（六七二）年に皇位継承をめぐって、天智《てんじ》天皇の第一皇子・大友《おおとも》皇子と弟・大海人《おおあま》皇子が戦った壬申《じんしん》の乱を、同じ「乱」で呼ぶのはしっくりきません。

実は、何をもって「乱」「変」「陣」「役」「合戦」と言うか、歴史学上の定義はありません。学問的には決まったルールがないのです。

本来なら、その「戦い」が当時はどのように呼ばれ、時代の変遷とともにどのように変わったのかを比較検討したうえで、その本質を考察し、学術的に分類していくべきですが、学界ではそういう取り組みがなされてきませんでした。

私の感覚では、「戦争」がもっとも規模が大きく、次いで「役」「乱」「変」「戦い」と規模が小さくなっていくように思います。

特定人物が歴史を作るのではない

歴史学において、戦いに勝利したから歴史が作られたという考え方がないわけではありませんし、傑物《けつぶつ》がいたから勝利した、それによって歴史が切り開かれたというのもまちがいではありません。

しかし、あるヒーローが歴史を作ったという見方は歴史小説・ドラマの範疇《はんちゅう》であり、歴史学ではそのような見方はしません。社会の動向により忠実だったほうが勝ったと見ます。ですから、戦いに勝ったということは長い目で見れば、当時の社会の要請に忠実だったことを意味します。

ただ、この見方を突き詰めてしまうと、歴史のダイナミズムが見えなくなってしまう嫌いがあるので、そのあたりのバランスが難しい。

たとえば、戦国時代の川中島《かわなかじま》の戦いの場合、上杉謙信《けんしん》が勝っても武田信玄《たけだしんげん》が勝ってもどちらでもいい。単なる一《いち》地域の争いにすぎないからです。しかも、どちらが勝っても、織《お》田信長《だのぶなが》に攻められ、滅亡する運命にあるのは変わりません。その信長も、本能寺の変で明《あけ》智光秀《ちみつひで》に討《う》たれます。江戸時代が徳川幕府ではなくて織田幕府になったかもしれませんが、単に名前が違うだけで同じような歴史が展開されたと考えるのが、科学としての歴史学の見方なのです。これでは、ただでさえおもしろくない教科書が、ますますおもしろくなくなってしまうかもしれません。

しかし、こうした歴史学の見方にも限界があり、世界史を見れば、ひとりの人物が歴史を動かすケースもあります。

たとえば、チンギス・ハンはユーラシア大陸に広大な帝国を築きましたが、モンゴルの人口は当時九〇万人しかいませんでした。いっぽう、同じ頃日本列島に住んでいた日本人は、一一〇〇万人前後と推定されています。ということは、やはりチンギス・ハンという人物の力を無視することはできません。「チンギス・ハンでなくても、モンゴル帝国は築かれた」とは、さすがに言えないのです。

コジェーヴの「日本の歴史を学べ」

「はじめに」でも触れましたが、フランスの哲学者コジェーヴは「人間の歴史を学びたいのであれば、日本の歴史を学べ」と述べました。

日本は気候が比較的穏《おだ》やかで、異民族の支配もなかった。つまり、日本の歴史は、天候の支配や外国からの侵略と関係ないところで展開されたから、人間がどのように発展するかを見るうえで、もっともいい教科書になるというわけです。

モンゴルが日本に攻めてきた文永《ぶんえい》十一（一二七四）年の文永の役の前に、日本での滞在経験を持つ趙良弼《ちょうりょうひつ》は、皇帝フビライ・ハンに「日本に遠征しないほうがいい」と進言しました。日本のような貧しい国土を攻め取っても意味がないと判断したのです。確かに、東北地方では中世・近世、飢饉《ききん》により多数の餓死者が出ていました。

そのいっぽうで、日本は鎖国ができるぐらいの生産力を持っていたとも言えます。まじめに働いて土地を耕作すれば、食べていけるぐらいの収穫がある豊かな国土だったのです。北欧のバイキングのように、他国の収穫を奪い取ってこなくても、何とかなったわけです。

気候が穏やかで自然の恵みが豊穣《ほうじょう》であったために、日本では一神教が生まれませんでした（イスラム教、キリスト教、ユダヤ教など一神教のほとんどが苛酷《かこく》な自然環境下で生まれています）。虐殺《ぎゃくさつ》もほとんど起こらず、戦いもヨーロッパほど激烈なものになりませんでした。

このように、気候や環境の条件に縛《しば》られることがなかったために、日本では時代の要請に合致したほうが戦いに勝つことが多かったのでしょう。

ということは、それぞれの戦いをつぶさに見ることによって、その当時の日本がどちらに向かって進んでいたかが見えてくるはずです。乱や変でどちらが勝ったかよりも、当時の日本がどういう状況にあり、当時の日本人が何を選択したかを考えることが重要なのです。

近代以降の戦争ではわからないこと

もうひとつ重要なのが、武器の問題です。

近代兵器、特に鉄砲が伝来する以前は刀や槍《やり》、弓矢が主な武器ですから、人間ひとりを殺すのにも相当な覚悟が必要であり、訓練もしなければなりませんでした。また、承久の乱の頃までは、武士どうしが戦う時には「われこそは」とおたがいに名乗りを上げて戦っていました。それが、モンゴルとの戦争を機に武士の考え方が変わり、戦術も変わっていきました。

太平洋戦争では、人間を簡単に、しかも大量に殺戮《さつりく》できる兵器が使われました。日本人だけで三一〇万人の死者を出したわけですが、こうなってしまうと、戦えば悲惨な結果が引き起こされるのは免《まぬか》れず、当時の時代的な要請がどうであったかといった考察は無《む》に帰してしまいます。「戦ってはならない」、あるいは「勝とうが負けようが戦争はダメだ」という結論にならざるをえないのです。

それまでの戦いを肯定するつもりはありませんが、大量殺戮兵器が開発される以前は、当時の日本がどういう状況で、何を求めていたのかということを知るうえで、戦いはひとつの指標となりました。

ですから、乱と変を見ていくことによって、日本の歴史の特異性や特徴を確かめることもできるのです。

乱と変から見えてくるもの

乱と変は、勢力Aと勢力Bの力が拮抗《きっこう》した時に起こります。BがAに比べ、取るに足らない弱小勢力である時には「乱」「変」という言い方はしません。単にBが滅びるだけのことです。

AとBが同じ土俵で戦うことになると、その戦いの背景にある人々の見方や考え方、生き方などを知るための手がかりを得ることができます。AとBはその間に深刻な対立があるからこそ戦うわけで、「まあ、やってみるか」で戦いが起きることは考えにくいからです。

とするならば、選択肢はふたつあります。Aという選択肢を取った人たちがAグループを、Bという選択肢を取った人たちがBグループを形成して戦い、勝ったほうが選択肢に従って、その後の社会を作っていくことになります。

ですから、その選択肢が何かという対立の構図を見れば、その時の時代状況が浮かび上がるはずです。それが歴史的な分岐点ならば歴史上、価値のある戦いということになります。そうすると、勝者だけの歴史ではわからない、歴史の真実が見えてくるかもしれません。あたかも必然のように見えていた歴史が、実はさまざまな選択肢の積み重ねとして立ち現われるわけです。乱と変を探る意味は、そこにあります。

評論家であり翻訳家でもある、徳川宗家《そうけ》（旧・将軍家）の次期（第十九代）当主（でいいのかな?）・徳川家広《いえひろ》さんとお話しした時、語っていただいたのが「日本史・三大どうでもいい話」です。

ひとつ目は、本能寺の変の黒幕は誰か。ふたつ目は、坂本龍馬《さかもとりょうま》暗殺の黒幕は誰か。三つ目は、国鉄（現・ＪＲ）の下山定則《しもやまさだのり》総裁が遺体で発見された下山事件の犯人は誰か。この三つは、誰であっても歴史が変わるわけではありません。だから、どうでもいい話だという主張です。

本能寺の変については後述しますが、坂本龍馬暗殺についてはまったく同意見です。暗殺の背後にいるのが京都見廻組《みまわりぐみ》だろうが、薩摩藩だろうが、紀州《きしゅう》藩だろうが、歴史が変わるわけではありませんから。下山事件についても、犯人の捜索よりも、当時の状況やその後の歴史に与えた影響のほうを重視すべきだと思います。

乱と変を個別に見ていくとさまざまな構図がありますが、大まかに見れば、全体に共通する基本的な構図が見えてくるでしょう。そのためには、ひとつひとつのケースを洗い出して、グループ分けする作業が必要になりますが、そこまで研究が進んでいないのが実情です。ですから、本書での叙述は、現段階での私の見解ということになります。

戦いには武器を使った殺し合いに限らず、兵が動かない政治闘争も含みます。『戦争論』

を記したドイツの軍学者カール・フォン・クラウゼヴィッツが言ったように、戦争とは政治のひとつの形態なのですから。しかし、本書では政治事件を含まず、軍勢と軍勢が戦う狭義の戦い、かつ中世を中心に日本国内で行なわれたケースを取り上げます。

乱や変がなぜ起こったのか（背景）、誰と誰が何のために戦ったのか（構図）、どう進展したのか（経過）、そして何をもたらしたのか（結果）を明らかにして、当時の時代がどういう状況だったか、日本人が何を求めたのかについて考察していきます。

第一章

平将門の乱

「武士の時代」の始まり

桓武平氏《かんむへいし》（第二章で後述）の祖・高望王《たかもち》の孫にあたる平将門《たいらのまさかど》は承平《じょうへい》五（九三五）年、一族の領地をめぐる争いから伯父・平国香《くにか》を殺害。天慶《てんぎょう》二（九三九）年に乱を起こし、常陸国《ひたち》（現・茨城県の大部分）、下野国《しもつけ》（現・栃木県）、上野国《こうずけ》（現・群馬県）などを支配下に置き、「新皇《しんのう》」を名乗ります。しかし、天慶三（九四〇）年に国香の子である貞盛《さだもり》や藤原秀郷《ひでさと》らに討たれました。これが、平将門の乱です。

平将門の乱とは何だったのか。

一言で言えば、「武士の時代」の始まりを告げる戦いでした。武士には、ふたつのルーツがあります。ひとつは、地方で力をつけて勢力を伸ばした在地領主《ざいちりょうしゅ》。在地領主とは、土地を開墾《かいこん》した開発領主の子孫のことです。もうひとつは、京都で出世の機会を失った貴族が地方で勢力を広げた者、言うならば都《みやこ》落ちです。

どちらが本質であるか議論がありますが、私は前者の立場に立ち、地方で育った在地領主が武士であると考えています。都とのかかわりを持たないわけではありませんが、それは従属的なファクターであると見るのです。

では、平将門とはいったい何者だったのか。

一言で言えば、「私営田領主《しえいでんりょうしゅ》」と言われる在地領主です。私営田とは在地領主が開墾・経営したもので、国家が直接経営した公営田《くえいでん》と対比されます。当時、国ごとに朝廷の出先機関である国衙《こくが》、現在の県庁が置かれていました。その国衙を相手に「これだけ田畑を開墾するので、これくらい税金を負けてくれ」といった折衝《せっしょう》をして税金の額を決め、完全には私有できないものの半ば土地を所有したのが、私営田領主です。

中央から国衙に派遣される地方官が国司《こくし》で、四等官制《しとうかんせい》によって守《かみ》、介《すけ》、掾《じょう》、目《さかん》が置かれましたが、実際には介以下の役人を無視して、守だけが国司であるかのような言い方がされるようになりました。

また、当初は守、介、掾、目とも京都から赴任していましたが、京都に戻っても出世が望めないと思った役人のなかには任期が終わると任国に土着し、国衙で培《つちか》った人脈を利用して一旗揚《ひとはたあ》げる者が出てきました。彼らが私営田領主になっていくのです。

しかし、土着した領主が私営田を開墾しても、国衙は守ってくれません。守るどころか、私営田を収公《しゅうこう》しようと、虎視眈々《こしたんたん》と狙《ねら》っていました。というのも、当時の律令制《りつりょうせい》は

「公地公民《こうちこうみん》」を建前《たてまえ》にしていたので、土地の私有は認められなかったからです。

私営田と呼ばれる土地には、作物が取れる田畑だけでなく、水利《すいり》の豊かな川や鉄が採掘できる山も含まれていました。このため、国衙だけではなく近隣の在地領主たちも、隙《すき》あらば奪おうと目を光らせていたわけです。しかも、まともな警察機構がなく、治安《ちあん》も保たれていませんでした。

京都の朝廷には関東を治《おさ》めるだけの力がなく、関東では争いが繰《く》り広げられました。小学校に入ったばかりの子どもたちが給食のおかずを多く盛《も》ったとか、テストの時ズルをしたと言ってケンカを始めるようなものです。十七世紀イギリスの政治思想家トマス・ホッブズが『リヴァイアサン』で描いた「万人の万人に対する闘争」状態です。簡単に言えば強い者勝ちの世界、弱肉強食の世界です。

この闘争状態がきつくてたまらないということで、ホッブズは人々が権利を譲渡《じょうと》した統治機構を構想し、ジャン・ジャック・ルソーは『社会契約論』を記したわけです。

日本でも源頼朝《みなもとのよりとも》の時代になると、武士たちが自分の権利を差し出して頼朝に絶対的に服従する代わりに、鎌倉幕府という権力によって自分たちを守ってもらう関係を作りました。あるいは、兵《つわもの》の道という形で武士道が形成されていきますが、この時代にはまだ武士の道徳のようなものはできていませんでした。

ですから、私営田領主は「自力救済」、つまり自分の土地・財産・家族は自分で守らねばなりませんでした。それで、武装を始めたわけです。これが武士の誕生です。

武士の本質は刀ではなく弓

刀剣ブームもあって誤解されやすいのですが、武士が戦う時の基本は、刀で直接に切り合うことではなく、馬に乗り、弓で矢を射《い》て相手を倒すことです。弓を持つ左手を弓手《ゆんで》、馬の手綱《たづな》を取る右手を馬手《めて》と呼びました。股《また》で馬の胴《どう》を締めつけて、自由になった両手で弓を引いて、自分の左側前方に相手をとらえて矢を射るわけです。

つまり、武士とは、遠くから矢を射て相手を倒す技能を持った存在だったのです。縄文時代から人々は狩りをしていましたから、その狩りの習慣から影響を受けている部分があると思います。

モンゴル帝国を築き上げたチンギス・ハンが率いていた騎兵が、まさに馬に乗り、弓を扱う人たちでした。

いっぽう、これと対照的なのが、ヨーロッパのナイト（騎士）です。ナイトも日本の武士と同様に在地領主でしたが、武器は弓矢ではなくランス（槍）でした。つまり、日本の武士が弓騎兵《きゆうきへい》だったのに対し、ヨーロッパのナイトは槍騎兵《そうきへい》だったという違いがあるのです。

私営田領主である武士は、子どもの頃から訓練して馬や弓矢の扱いに習熟しました。こうした武士の走りが、平将門であったと考えることができるわけです。

関東のボス

平将門の先祖は、上総国《かずさ》（現・千葉県中部）の国司ナンバー2である上総介《かずさのすけ》として、都からやってきた平氏の一族です。上総国に土着し、土地を切り開いて根を下ろしました。関東と言うと、源頼朝をはじめとする源氏《げんじ》のイメージが強いですが、実は源氏より先に平氏が土着していました。

その代表が、鎌倉幕府の有力な武士となった相模国《さがみ》（現・神奈川県の大部分）の三浦氏《みうら》、上総国の上総《かずさ》氏、下総国《しもうさ》（現・千葉県北部、茨城県南西部）の千葉《ちば》氏、そして武蔵《むさし》国（現・東京都、埼玉県、神奈川県東部）の畠山《はたけやま》氏らです。いずれも平氏一門であり、源氏はいません。このような形で、平氏は関東に根差して活動をしていました。

将門の父・平良将《よしまさ》は、下総の佐倉《さくら》（現・千葉県佐倉市）に所領を持っていました。息子である将門は上洛して朝廷に仕えるとともに、摂関《せっかん》家（摂政《せっしょう》・関白《かんぱく》を輩出する家柄）出身の藤原忠平《ただひら》の従者にもなっていました。しかし、官職をもらうことができませんでした。父親が若くして亡くなったため、家族の求めに応じて帰国せざるをえなかったからです。

将門が帰国してみると、父親の持っていた土地の多くが伯父・平国香や叔父・平良兼《よしかね》に奪い取られていました。このため、将門は佐倉から同じ下総国の豊田《とよだ》（現・茨城県常総《じょうそう》市、下妻《しもつま》市あたり）に本拠地を移し、ここで活動するようになりました。豊田に住み着いたため、「豊田の小次郎《こじろう》」とも言われます。

以後、将門による土地を取り戻す戦いが繰り広げられましたが、要するにケンカのバージョンアップしたものです。

将門は承平五（九三五）年、常陸国に本拠地を持つ源護《まもる》の息子たちを討ち取り、同じく常陸国にいた伯父・国香も討ち取ります。

さらに、上総介だった叔父・良兼らとも戦います。ちなみに、上総国・上野国・常陸国では守に親王が任命されるため、介が一番上となります。つまり、良兼がトップの国司であったわけですが、国司には誰が正しく、誰がまちがっているかを判断して裁《さば》くだけの力がありませんでした。関東では、国衙による統治がまったく機能していなかったのです。

このため、源護は承平五（九三五）年九月、朝廷に訴《うった》え出ます。朝廷から召喚《しょうかん》命令を受けた将門はすぐに上洛して検非違使《けびいし》庁で尋問《じんもん》を受け、申し開きをしています。源護の息子たちや自分の叔父を殺害しているわけですから、今で言えば立派な殺人犯ですが、朝廷が将門に下したのは軽い刑でした。しかも恩赦《おんしゃ》が下され、関東に帰ってきます。

帰国した将門は、前にも増して関東各地で戦いを繰り広げるようになりました。

承平八（九三八）年には、武蔵国に権守《ごんのかみ》として赴任してきた興世《おきよ》王と介・源経基《つねもと》（清和《せいわ》源氏の祖、第二章で後述）が、足立《あだち》郡の郡司《ぐんじ》（国司の下で郡を治める地方官、主に在地豪族を任命）を襲撃・略奪すると、将門が介入して争いを止めるという事件も起きています。つまり、国衙に秩序を守る力がないので、顔役《かおやく》だった将門が調停役をはたしたわけです。まるでヤクザのようですが、将門の乱が起きた背景には、関東地方に広がっていた強い者勝ちの世界があったのです。

このような状況もあり、のちに国司たちは京都にいて現地に赴任しなくなります。つまり、関東は見捨てられた土地となるのですが、当時はまだ国司は赴任していました。そして彼らが利権を漁《あさ》ろうとして、地元のボスたちと争いを引き起こし、そこで頼りとされたのが将門だったのです。

幼稚な権力

こうして、各地で暴れ回った将門は天慶二（九三九）年末頃、ついに関東一円を勢力下に置き、「新皇」つまり新しい天皇を名乗ります。

さらに、将門は自《みずか》ら、関東諸国の国司を任命します。弟の将頼《まさより》を下野守《しもつけのかみ》にするなど、自分に味方した者たちで関東八カ国、つまり下野国、上野国、常陸国、上総国、下総国、武蔵国、安房《あわ》国（現・千葉県南部）、相模国を押さえるのです。

これらは明らかに、朝廷への反逆行為です。しかしながら、新皇という名前は天皇をまねています。また、藤原玄茂《はるもち》を常陸介《ひたちのすけ》に、興世王を上総介に任命しています。守を置かず、介をトップにしている。つまり、守には都にいる親王が就《つ》くという朝廷が定めた国司のルールを踏襲しているのです。

朝廷に反逆したなら、その名称や決め事に従う必要などありません。にもかかわらず、そのまま使っているわけですから、新しい権力を立ち上げるにしてはアイデア不足と言わざるをえません。

言うならば、幼稚な権力だったわけですが、その幼稚な権力が拡大した背景に朝廷側の無策があったことも確かです。将門が暴れ回っていることを知りながら、何ら有効な手立てを打てず、将門の跳梁跋扈《ちょうりょうばっこ》を許してしまったことも、将門の乱を引き起こした要因のひとつです。

将門は下総国の相馬《そうま》郡を本拠地としましたが、この地も、のちの鎌倉のような関東の中心にはなりませんでした。日本史家の網野善彦《あみのよしひこ》さん（故人）の言葉を借りれば、当時の武士たちは定着型ではなく漂泊型であり、モンゴルの遊牧民のように本拠を移しながら活動をしていた、となります。

天慶三（九四〇）年一月、ようやく朝廷が動きます。参議の藤原忠文《ただふみ》を征東大将軍《せいとうたいしょうぐん》に任じ、追討軍を関東に向けて出発させました。

征東大将軍と言うと、源頼朝や足利尊氏《あしかがたかうじ》、徳川家康などの征夷大将軍《せいいたいしょうぐん》を連想されるかもしれませんが、ニュアンスがやや異なります。古代、東北地方の蝦夷《えみし》討伐を目的として任命されたのが令外官《りょうげのかん》（律令で規定のない官職）である征東大将軍でした。これが、ほぼ同じ意味合いで征夷大将軍として大伴弟麻呂《おおとものおとまろ》、坂上田村麻呂《さかのうえのたむらまろ》に任命されます。その後、源頼朝が任命されると「武家の棟梁《とうりょう》（第二章で後述）」と同義語になっていきました。

ですから、忠文は文字通り、「東《ひがし》の賊《ぞく》を討て」という命令を朝廷から受けただけで、これだけの兵、これだけの武器、これだけの食糧を与える、ということではありません。名目だけですので、将門を討つうえで何の役にも立ちません。実際、征東大将軍の率いた軍勢が関東に到着する前の二月に、将門は平貞盛や下野国の有力な私営田領主・藤原秀郷らの連合軍によって討たれてしまいました。

強力な中央集権国家であれば、政府の下に官僚組織と常備軍があるというのが世界史的スタンダードですが、日本の朝廷にはどちらもありませんでした。官僚組織の代わりに、貴族たちが官僚的に働いていただけです。

桓武天皇は延暦十一（七九二）年、郡司の子弟や有力農民を兵として採用する健児《こんでい》の制《せい》を布《し》き、彼らを京都に呼び寄せて軍隊として使うしくみを構想しましたが、コストがかかることもあって有名無実《ゆうめいむじつ》になっていました。

結局、関東を暴れ回った平将門は、在地領主どうしのいざこざのなかで命を落とすことになったのです。

興味深いのは将門を討った側です。平貞盛は将門と同じ平氏の一族であり、京都の官人《かんじん》（官吏）のなれのはてですが、のちの平清盛《きよもり》の先祖にあたります。

もうひとりの藤原秀郷は俵藤太《たわらのとうた》とも言われ、大ムカデを退治したという伝説を持っている人物です。十四世紀に編纂《へんさん》された、源氏・平氏・藤原氏・橘《たちばな》氏など主要諸氏の系図である『尊卑分脈《そんぴぶんみやく》』には、藤原氏として名前が載《の》っています。その末流から、下野国の小山《おやま》氏や足利《あしかが》氏（源氏の足利氏と区別するため、藤姓足利《とうせいあしかが》氏とも）など、北関東を代表する武士が出てくるのですが、実は秀郷は藤原氏とはまったく関係がなく、地元の一《いち》勢力にすぎなかったという説もあります。

前述したように、武士とは京都の貴族が地方に土着した者と、地方で成り上がった有力者というふたつの考え方があるわけですが、秀郷が地元の一勢力だったとすると、後者ということになります。

受け継がれた関東独立

将門の乱を描いた『将門記《しょうもんき》』では、将門が率いた軍勢がオーバーに記されていますが、私は数百人のレベルだったと推定しています。

つまり、全国的にまだ武士が育っておらず、大軍団になっていなかったため、数百人単位でも関東一円を荒らし回ることができたわけです。これが第三章で述べる源平《げんぺい》合戦の時代になると、各国に武士がひしめいており、そう簡単に各地の勢力を攻め落として自らの勢力下に置くことはできなくなりました。

将門が新皇を名乗り、律令国家の真似事をした幼稚な権力だったことはすでに述べましたが、そうは言うものの、将門には関東独立の志《こころざし》のようなものが認められます。本人がどこまで自覚していたかはわかりませんが、のちの関東人たちは平将門に関東独立の夢を見たのも確かです。

たとえば、東京の神田明神《かんだみようじん》や築土《つくど》神社（日本武道館の氏神《うじがみ》で築土明神とも言う。筑土《つくど》八幡神社とは異なる）の祭神《さいじん》として祀《まつ》られた将門は、多くの人たちから尊崇《そんすう》され、のちの源頼朝につながっていくことになります。神田明神は一時《いちじ》衰退しますが、徳川家康が江戸に入ると勢いを盛り返し、その祭りは江戸三大祭りのひとつになるほどのにぎわいを見せました。私が住んでいる千葉県にも将門伝説が残っているぐらいですから、それだけ将門は関東人たちに尊敬され、言い伝えられてきたのです。

その後、関東では長元《ちようげん》元（一〇二八）年に、将門の孫である平忠常《ただつね》の乱が起きますが、この時は忠常が朝廷に謝罪して一件落着となりました。

やはり朝廷の支配下から脱し、現実に、あるいは意識の上でも自立するのは非常に困難なことだったと思います。支配の軛《くびき》から脱するには、十八世紀ドイツで「哲人王」と呼ばれたフリードリヒ二世のような啓蒙専制君主を担《かつ》いで政治を任せるのが一番楽なわけですが、そうなると自分の頭で考え、自分の足で立つという気が失《う》せてしまいます。

また、「万人の万人に対する闘争」状態ですから、強い者の下についているほうが楽であるだけでなく、自立しようとすると、出る杭《くい》が打たれるごとく潰されるのが落ちでした。このような闘争状態に乗っかる形で支配していたのが、朝廷だったと言えるかもしれません。

将門を討った貞盛をはじめとした平氏の一門は関東で力をつけたあと、京都に近い伊勢《いせ》国（現・三重県北部）に移り、伊勢平氏になりました。そして、平氏がいなくなって空《あ》いた関東に入ってきたのが、源氏です。

藤原純友《すみとも》の乱

平将門の乱とほぼ同時期に起こったのが藤原純友《すみとも》の乱で、将門の乱と純友の乱を合《がっ》して「承平・天慶の乱」と言うこともあります。

純友は、藤原氏でもっとも栄えた北家《ほっけ》の流れをくむ良範《よしのり》の三男として生まれましたが、父の没後は京都での出世は望めず、伊予《いよ》国（現・愛媛県）の下級国司・掾となります。任期終了後も都に戻ることなく、日振島《ひぶりしま》（愛媛県宇和島市《うわじま》）を本拠にして天慶二（九三九）年に乱を起こし、九州全体を統括する役所である大宰府《だざいふ》を焼き打ちにするなど、戦いを繰り広げました。交易のルートであった瀬戸内海《せとないかい》を舞台に、海賊《かいぞく》のように商船を襲《おそ》っては略奪行為を働いたのです。

東の将門と西の純友が比叡山延暦寺《ひえいざんえんりやくじ》（滋賀県大津《おおつ》市）で会見し、おたがいに東と西で乱を起こして朝廷の支配をひっくり返そうと話し合ったという伝説がありますが、これは根も葉もない作り話です。

ちなみに、一九七六年のNHK大河ドラマ「風と雲と虹と」では、将門と純友が会うシーンが出てきます。将門役が加藤剛《かとうごう》、純友役が緒形拳《おがたけん》、将門が仕えていた藤原忠平役が仲谷昇《なかやのぼる》、時代考証を担当したのが江戸時代考証の第一人者・稲垣史生《いながきしせい》でした。

私が中学生の頃、このドラマを見てびっくりしたのは、将門が忠平に相対《あいたい》する場面です。将門は、「家司《けいし》（貴族の家政を司《つかさど》る職）の殿にまで申し上げます」と述べていたのです。忠平は御簾《みす》（すだれ）の向こうに鎮座していて、声は聞こえているのですが、身分の低い将門と直接やり取りすることはありませんでした。

当時の京都の貴族と関東の武士の間に、どれほどの身分差があったかを見事に描き出していて、「こういうものなのか」といたく感心したのを覚えています。

純友の乱の背景には、朝廷の土地政策の不備から、関東だけでなく西国《さいごく》でも揉《も》めごとが頻発していた状況がありました。とはいえ、日本列島は冬型の気圧配置のように西高東低《せいこうとうてい》が基本であり、西国は関東に比べると豊かでした。また、関東に比べて朝廷の目が届いたため、将門の乱ほど大規模な騒乱にはなりませんでした。そのなかで、比較的に大きな反乱となったのが純友の乱だったのです。

朝廷はすぐに追捕使《ついぶし》（海賊討伐を目的とする令外官）を派遣。まずその船団を壊滅させ、逃げた純友を滅ぼしましたが、平定まで二年を要しています。将門の幻《まぼろし》の関東独立国は二カ月しか存在しませんでしたが、純友は二年間も持ちこたえたわけです。

しかし、没後は将門のように地域の人たちから敬《うやま》われたり、独立や反抗のシンボルにされたりした形跡はあまり見られません。日本史に与えた影響という点からは、将門の乱のほうが大きかった。

将門や純友などによる地方の異議申し立てに対して、朝廷はその後、地方統治をしっかりやろうとするどころか、国司に任命されても任国に行かず、従者を派遣して取れるところから税を取るような風潮が広がっていきました。

平安時代は、平和で穏やかな時代だったと言う人がいますが、それはあくまで京都周辺の話であり、京都から一歩出ると弱肉強食の状況が広がっていました。「万人の万人に対する闘争」状態は、将門の乱以後も変わることはなかったのです。

第二章

保元の乱、平治の乱

「武家の棟梁《とうりょう》」の出現

保元《ほうげん》の乱は崇徳《すとく》上皇と後白河《ごしらかわ》天皇の対立に、藤原摂関家の家督争いが絡《から》み、保元元（一一五六）年に勃発しました。上皇側は源為義《ためよし》・平忠正《ただまさ》らの、天皇側は平清盛・源義朝《よしとも》らの軍勢を動員しましたが、上皇側が敗北。崇徳上皇は讃岐国《さぬきのくに》（現・香川県の大部分）に流され、為義と忠正は処刑されました。

保元の乱が起きた背景には、「武家の棟梁」の出現があります。武家の棟梁とは、武士の一族を率いる者のことです。

第一章で述べたように平安時代には在地領主間、あるいは在地領主と国衙の間で土地をめぐる争いが起きても、政治権力が微弱なため、双方を納得させる裁定を下すことができない状況にありました。まさに強い者勝ちの世界です。そうしたなかで自分の身を守るために、あるいは自分の欲望を押し広げるために武装する在地領主たちが出てきました。戦いの技術を磨いて、武力で相手を屈服させる。これが武士の原型です。

そんな彼らを武士団として束《たば》ね、朝廷や貴族の私兵として仕えたのが源氏と平氏であり、そのボスが武家の棟梁なのです。

ただし、武家の棟梁になれる人となれない人がいます。たとえば、源頼朝が鎌倉幕府を開いた時の座る順番、すなわち序列はまず自分、自分の家族、次に源氏一門。その次に、ようやく御家人でした。

具体的に言えば、源氏一族である足利氏は、のちに尊氏が征夷大将軍になったように、将軍になろうと思えばなれる家です。ところが、北条《ほうじょう》氏のような御家人が将軍になろうとしても、周りの者たちから寄って集《たか》って潰されるのが落ちでした。その違いが何なのか、残念ながら、誰もが納得できるリクツを、まだ明確に示すことができません。

武家と公家を分けるもの

源氏は、嵯峨《さが》天皇が弘仁《こうにん》五（八一四）年に皇室財政の負担を軽くするために皇子・皇女を臣籍降下《しんせきこうか》（皇族から臣下になること）させ、その際に与えた姓「源《みなもと》」がルーツです。以降、仁明《にんみょう》天皇、文徳《もんとく》天皇などの時にも同様に行なわれ、その数は二一流あるのですが、もっとも力を持ったのが、清和天皇の孫・経基から始まる清和源氏です。頼朝はこの嫡流《ちゃくりゅう》（本家）にあたります。

平氏は、桓武天皇の時に与えられた「平《たいら》」がルーツで、四流を数えます。このなかで桓武平氏はのちに高棟《たかむね》王と高見《たかみ》王に分かれ、高棟王は公家の堂上《とうしょう》家となり、高見王の子・高望王は清盛へと続く武家となりました。

堂上家は御所《ごしょ》の清涼殿《せいりょうでん》への昇殿《しょうでん》を許された家柄で、公卿《くぎょう》（太政大臣《だいじょうだいじん》・左大臣《さだいじん》・右大《うだい》臣《じん》、大納言《だいなごん》・中納言《ちゅうなごん》、参議《さんぎ》）になることができます。源氏にも、堂上家が存在しました。

このように、天皇の子孫という尊《とうと》い血筋であるにもかかわらず、貴族として暮らす家と武家にしかなれない家があったわけです。武家の棟梁になれても貴族になれないということは、どこかで貴族の地位から降《お》りた瞬間があったことになります。臣籍降下と同じような運動です。貴族をやめて武士として生きていくことを決めた際、何がメルクマールになったのか。貴族との縁が切れる条件は何なのかは、私にもわかりません。

たとえば平氏の場合、第一に公家である堂上平氏があり、第二に平清盛のような武家の棟梁になれる家があり、第三に彼らに家来として仕える平氏がありました。同じ桓武平氏でも、関東に根差して「坂東八平氏《ばんどうはちへいし》」と称された千葉氏、上総氏、三浦氏、土肥《どひ》氏、秩父《ちちぶ》氏、大庭《おおば》氏、梶原《かじわら》氏、長尾《ながお》氏などは、武家の棟梁になることはできませんでした。

そういうなかで、武士たちを束ねる存在として、時代の矢面《やおもて》に立ったのが源氏であり、平氏であったわけです。

源氏が武家の棟梁となるきっかけは、藤原摂関家と関係を持ち、藤原氏の私兵として働いたことでした。その摂関政治を否定したのが、白河《しらかわ》上皇の院政《いんせい》です。白河上皇は摂関家の手垢《てあか》がついた源氏を登用せず、オリジナルな武家の棟梁を仕立てました。それが、伊勢平氏です。

このように、東の源氏と西の平氏がおたがいに力を得たことが、保元の乱の背景にあったのです。源氏は藤原本家の傭兵《ようへい》隊長であり、平氏は上皇の傭兵隊長だったのです。

地位よりも家を重視

保元の乱の背景として、次に重要なのが「上皇」という存在です。天皇は退位すると、自動的に太上天皇《だいじょうてんのう》、つまり上皇になります。時々、上皇は天皇に任命されるものと勘違いしている人がいますが、上皇は新天皇に任命される地位ではありません。

上皇のなかには直系子孫を天皇に即《つ》けて、後見する形で権力を握る人がいます。彼らのことを「治天《ちてん》の君《きみ》」と呼びますが、この場合の権力とは家《いえ》権力であり、天皇家の家父長《かふちょう》として、天皇を凌《しの》ぐ力を持ちました。ですから、上皇が何人いても、天皇の威光を押さえて世の中を治めている上皇はひとりだけということになります。

ただし、治天の君という名称は、鎌倉幕府が当時、幕府という名称を用いていなかったように、当時の朝廷はその表現を使用していませんでした。明治以後に学術用語として使われるようになったのかもしれません。

ヨーロッパの場合、王は退位すると〝ただの人〟になりますが、日本の場合は、天皇の座を降りても〝ただの人〟にはならずに、実権を握った人がいたわけです。これが、院政です。その意味では、明治以後の天皇はヨーロッパ風になったと言えるかもしれません。なぜなら、旧・皇室典範《こうしつてんぱん》（一八八九年制定）では、皇位継承は崩御《ほうぎょ》を原則とするとされていたからです。

白河上皇が開始した院政はその後も、白河上皇の孫・鳥羽《とば》上皇、鳥羽上皇の第四皇子・後白河上皇、後白河上皇の孫・後鳥羽上皇と続いていきました。天皇になっただけでなく、治天の君になって朝廷の実権を握ろうと考えた上皇たちです。

保元の乱の背景として三つ目に挙げられるのが、地位より家の重視です。
当時の日本社会では、天皇や摂政・関白という地位よりも、家が優先されていました。天皇家も藤原本家も家が単位であり、家こそが重視されていたのです。そして、権力を握ったのは家の当主、つまり家父長でした。のちの時代の将軍や執権《しっけん》（第四章で後述）などの地位も同様です。

たとえば、源頼朝のあとを継《つ》いだ第二代将軍・頼家《よりいえ》は、北条氏による合議制のもと、思うように権力を振るうことはできませんでしたが、頼朝の血を受けた武家の棟梁としては御家人たちから認められていました。

さらに言えば、血よりも家が大事でした。つまり、血のつながった実子でなくても、養子でもかまわなかったのです。血脈をつなぐより、家を継承していくことが重視されました。ですから、家の当主の座をめぐって争いが絶《た》えなかったのです。

豊臣秀吉《ひでよし》は天正《てんしょう》十九（一五九一）年、甥《おい》の秀次《ひでつぐ》に関白を譲《ゆず》りましたが、前《さきの》関白・太閤《たいこう》秀吉として天下人《てんかびと》の座にあり、権力を掌握していました。徳川家康にしても、秀忠《ひでただ》に将軍の地位を譲り、江戸《えど》城を出て駿府《すんぷ》城に移ったあとも、大御所《おおごしょ》として舵取《かじと》りをしました。

江戸時代になり、長男が家督・財産を相続する長子《ちょうし》相続が定着すると、ようやく兄弟間の家督争いはなくなりましたが、親子間の争いは残りました。たとえば、幕末の薩摩藩では、早く家督を継ぎたい島津《しまづ》斉彬《なりあきら》と父・斉興《なりおき》の間で綱引きが行なわれ、幕府や他藩をも巻き込んだ、お家騒動となりました。

仁義なき戦い

保元の乱でキーマンになったのが、崇徳上皇です。崇徳上皇はわが子・重仁《しげひと》親王を天皇に即位させ、自分が治天の君つまり天皇家の家父長となって、権力を掌握したいと考えました。しかし、父親である鳥羽上皇が治天の君として君臨しており、その地位を手放そうとしなかったため、イライラしていました。この鳥羽上皇・崇徳上皇の間で繰り広げられた親子の戦いが、保元の乱の伏線となったのです。

ここには、女性問題がかかわっています。鳥羽上皇が天皇になる時、中宮《ちゅうぐう》（皇后と同じ資格を有する正后《せいごう》）となったのが、祖父・白河上皇の養女であった藤原（待賢門院《たいけんもんいん》）璋子《しょうし》です。彼女は大変な美人だったので、鳥羽天皇は喜び、白河上皇に感謝しました。

しかし、もともと璋子は素行《そこう》に問題があり（相当モテたらしい）、白河上皇との関係も噂《うわさ》されていたため、顕仁親王《あきひと》が生まれると、鳥羽天皇は「自分の子ではなく、白河上皇の子ではないか」と疑いました。もし白河上皇の子だとすれば、鳥羽天皇の叔父になるわけで、猜疑心《さいぎしん》にかられた鳥羽天皇は、顕仁親王を「叔父子《おじご》」と呼んで遠ざけました。

その後、白河上皇は鳥羽天皇を退位させると、顕仁親王を皇位に即けます（57ページの図表1）。これが崇徳天皇です。鳥羽上皇は憤懣《ふんまん》やるかたない思いを抱《いだ》いたでしょう。ちなみに、鳥羽天皇が上皇となってから迎えた皇后が、藤原（美福門院《びふくもんいん》）得子《とくし》です。歴史小説やドラマでは待賢門院と美福門院の女の戦いがよく描かれますが、どこまで事実なのかはわかりません。

白河上皇が大治《だいじ》四（一一二九）年に亡くなると、鳥羽上皇はようやく治天の君となり、院政を開始します。そして、永治《えいじ》元（一一四一）年には崇徳天皇を譲位させました。

このようにして、親子間の対立が深まったのです。

しかし、治天の君になりたいという野心を持っていた崇徳上皇も、父親である鳥羽上皇の意向を無視することはできませんでした。治天の君である鳥羽上皇に背《そむ》けば、反逆者になってしまうからです。だから、鳥羽上皇が生きているうちは、表立《おもてだ》った動きはできませんでした。

　鳥羽上皇が亡くなった時の天皇は、鳥羽上皇の皇子・後白河天皇。鳥羽上皇は意中の後白河天皇が即位するのを見届けて、亡くなったのです。崇徳上皇は早速、権力を掌握しようと動き出します。いっぽう、後白河天皇はその動きを阻止しようとしたわけです。ですから、天皇家の当主を決める戦いが、保元の乱の基本的な構図でした。

　この天皇家の対立に、藤原本家の対立が絡みます。藤原氏の中心である藤原本家でも、当主の座をめぐる争いが起こっていたのです。当主・藤原忠実《ただざね》は長男の忠通《ただみち》に家督を譲り、忠通が関白となりました。その後、忠実には、あまり身分の高くない女性（父親・盛《もり》実《ざね》は同じ藤原氏でも傍流）との間に頼長《よりなが》が生まれます。

　頼長は、忠通とは親子ほども年齢が離れていましたが、非常に優秀な人物でした。また、俗に親の愛情はのちに生まれた子ほど深くなるとも言いますが、忠実は忠通に替えて、頼長を藤原本家の当主にしたいと考えるのです。頼長自身も権力欲が強い人だったので、兄・忠通を押しのけて藤原本家の嫡流を継ごうとします。

現役の関白である忠通は、後白河天皇につきました。いっぽうの頼長と父・忠実は崇徳上皇につきました。こうして、天皇家の家督争いと藤原本家の家督争いが一緒に起きたのが、保元の乱です。これだけなら、平安時代によくあるパターンの政治抗争ですが、ここに信西《しんぜい》入道（藤原通憲《みちのり》）という異分子が介入してきたため、ややこしくなるのです。

図表1　天皇家の系図（保元の乱関連）

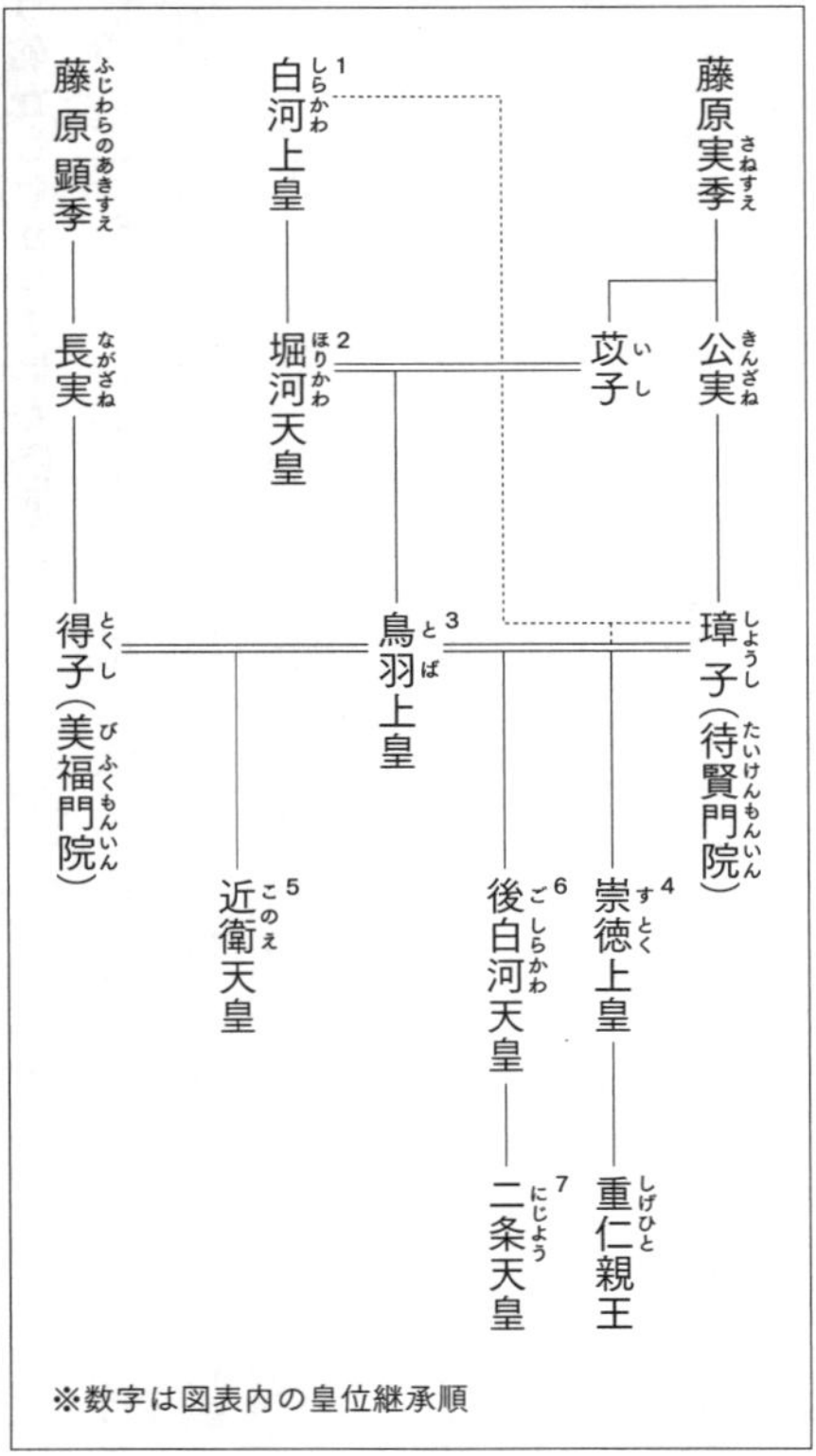

戦う前からわかっていた勝敗

信西は亡くなった鳥羽上皇に見出《みいだ》され、仕えた貴族です。ただし、藤原氏でも勢力の弱い南家《なんけ》、しかも支流だったため、貴族として出世することはほぼ不可能でした。だから少納言《しょうなごん》という官職にとどまったわけですが、鳥羽上皇の側近として政治権力に近いところにいました。

信西の立場でもうひとつ重要なのが、後白河天皇の乳母の夫であったこと。言い換えれば、後白河天皇を育てた乳母が、自分の妻（朝子《ちょうし》）であったわけです。このため、後白河天皇にも近い存在となりました。

後白河天皇についた信西は、敵対する崇徳上皇の勢力を武士によって殲滅《せんめつ》することを考え、天皇の名で勅命《ちょくめい》を出しました。これに応じたのが、平氏の当主・平清盛と源氏の当主・源義朝です。

対して、崇徳上皇側も兵を集めるのですが、信西が兵を集めなければ、崇徳上皇側も兵を集めなかった可能性があります。しかも、信西が源氏と平氏の当主を召《め》し抱えたので、筋《すじ》のいい武士は後白河天皇のもとに集結しました。

いっぽうの崇徳上皇が集めることができたのは、義朝の父・為義、その息子であり、義朝の弟でもある為朝《ためとも》、さらに清盛の叔父・忠正《ただまさ》らです。

清盛の祖父や父は西国の豊かな国の国司を歴任することによって富《とみ》を蓄《たくわ》え、その国の武士たちとつながりを得て、勢力を拡大しましたが、為義の父・義親《よしちか》は中央に対して反逆を企《くわだ》て、平正盛《まさもり》に追討されてしまいます。あとを継いだ為義も、父親に輪《わ》をかけた暴れ者だったようです。それがために礼節を尊ぶ貴族に嫌われ、国司にもなれず、一生うだつが上がりませんでした。その息子・為朝も九州で暴れ回り、「鎮西八郎《ちんぜいはちろう》」と言われました。

こうして、後白河天皇・藤原忠通側に平清盛・源義朝が、崇徳上皇・藤原頼長・忠実側に源為義・平忠正がつくという構図になりました（61ページの図表2）。すでにこの時点で、両者が戦った場合、よほどのアクシデントがない限り、後白河天皇側の勝利が動かないことは容易に想像がつきます。

殲滅戦《せんめつせん》

保元元（一一五六）年七月、両軍はそれぞれの御所に集結し、戦いが始まりました。

保元の乱でおもしろいのは、おたがいに相手軍を殲滅しようとしたことです。戦いの大《たい》義《ぎ》もルールも何もなく、とにかく相手をやっつけるという、ある意味で非常にわかりやすい戦いでした。

たとえば、関ヶ原の戦いだと「何をもって徳川家康の勝利と言うのか」という質問に対して、簡単には答えられません。石田三成は処刑されましたが、豊臣秀頼《ひでより》はもとより、大将であった毛利輝元も生きていたわけで、一筋縄ではいかないのです。

それに比べれば、保元の乱は相手をやっつけたほうが勝ちですから、きわめてシンプルです。さすがに天皇や上皇を殺すわけにはいかないので、捕縛《ほばく》して流罪にしたわけです。

保元の乱では、まず崇徳上皇側についた源為義が「兵力が違うので、まともに戦っても勝ち目はない。相手方が眠っている間に火をつけて夜襲をかけるべき」と夜討《よう》ちを進言しました。ところが、藤原頼長は「それは貴人の戦い方ではない。正々堂々と戦わないでどうするか」と言って、為義の献策を退《しりぞ》けました。

いっぽう、後白河天皇側では、源義朝が「夜は手薄になるので夜襲をかけましょう」と進言したところ、信西は「それでいこう」と賛成。夜討ちが決まります。そして、清盛・

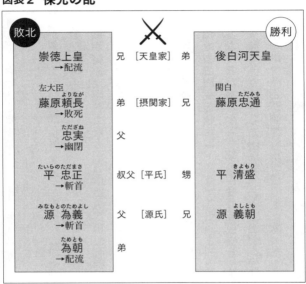

図表2　保元の乱

敗北				勝利
崇徳上皇 →配流	兄	［天皇家］	弟	後白河天皇
左大臣 藤原頼長《よりなが》 →敗死	弟	［摂関家］	兄	関白 藤原忠通《ただみち》
忠実《ただざね》 →幽閉	父			
平 忠正《たいらのただまさ》 →斬首	叔父	［平氏］	甥	平 清盛《きよもり》
源 為義《みなもとのためよし》 →斬首	父	［源氏］	兄	源 義朝《よしとも》
為朝《ためとも》 →配流	弟			

義朝らが崇徳上皇の邸宅に火をかけて夜襲しました。崇徳上皇側の為朝は大暴れしますが、崇徳上皇側は敗北。頼長は流れ矢にあたって、非業《ひごう》の最期《さいご》を遂《と》げました。

この結果、崇徳上皇は捕縛されて、讃岐国に流されました。平忠正は甥である清盛に、源為義は息子である義朝に処刑されたのです。

この処刑については、よく三〇〇年ぶりの死刑復活と言われます。合わせて、平安時代は死刑のない平和な時代だったとも指摘されますが、それは大きな誤解です。平安時代は死刑こそなかったものの、重罪を犯せば都から追放されました。当時、丸腰で都から出れば、夜盗《やとう》などに襲われて殺されるのが落ちでしたから、それは死刑に等しいことだったのです。

保元の乱を考える際に気をつけてほしいのは、戦いの規模です。上皇と天皇の戦いに武家の棟梁が絡んだ戦いだから、よほど大規模な戦闘が行なわれただろうと思われるかもしれませんが、実はびっくりするぐらいに小規模でした。

『保元物語《ほうげんものがたり》』には源為朝が英雄として描かれていますが、二八騎を引き連れて九州から来たと記されています。また、平清盛が率いたのが約三〇〇騎、源義朝が率いたのが約二〇〇騎、さらに源義康《よしやす》（足利氏の祖）らが約一〇〇騎ずつ率いていたとされています。源氏の地盤である関東で戦えば、もうすこし集まったかもしれませんが、京都まで連れてこなければならなかったので、この程度の規模にとどまったのです。

中国大陸で漢《かん》を建国した劉邦《りゅうほう》が、楚《そ》の項羽《こうう》と決戦をした垓下《がいか》の戦いというのがあります。周囲を取り囲んだ劉邦の軍が楚の歌を歌ったことが、四面楚歌《しめんそか》という言葉の語源になっていますが、この時、武勇を誇る項羽が討ち死にした際に引き連れていた兵が二八騎でした。『保元物語』ではこの数をまねたのではないか言われていますが、真偽のほどはわかりません。

院政の本質

ここからは、平治《へいじ》の乱に舞台が移っていきます。

保元の乱によって、後白河天皇が名実《めいじつ》ともに天皇家の家父長の座を獲得したわけですが、後白河天皇は政治にあまり興味を持たなかったようで、ほとんど信西に丸投げしていました。それは、少納言という低い地位にある者が権力を握ったことを意味します。

信西は、朝廷の建て直しに辣腕《らつわん》を振るいます。薄く広く課税をして財源を確保し、平安《へいあん》京《きょう》の内裏《だいり》（天皇の居所）に大極殿《だいごくでん》を建てるなど、次々に成果を上げ、律令制の幕引きに花を添えたのです。

そこで問題になるのは、信西の権力の源《みなもと》が何であったかという点です。普通であれば、家柄や、先祖代々世襲で引き継いできた地位が権力の源泉になりますが、信西の場合は藤原氏の支流であり、少納言ですから、それがないに等しい。鳥羽上皇や後白河天皇からの信頼しかありません。言わば、近臣《きんしん》であり続けることが、権力の源泉なのです。

信西は後白河天皇の信頼を後ろ盾《うしだて》にして力を振るいましたが、やがて後白河天皇は男色《だんしょく》の相手であった藤原信頼《のぶより》を寵愛《ちょうあい》するようになりました。信頼もまた、政治権力を持ちたがる若者でしたが、信頼の権力の源は何かと言うと、これもまた後白河天皇とのつながりでしかない。こちらは寵臣《ちょうしん》と言うべきでしょうか。

二条《にじょう》天皇に譲位し、院政を開始した後白河上皇が、信頼に政治権力まで与えようとすると、信西との間で権力争いが生《しょう》じます。信西にしてみれば、信頼は才覚も政治的手腕も持たない、ただの小僧にすぎません。

この構図に、院政の本質が表われています。要するに、上皇に気に入られることがすべてであり、気に入られなければ権力を失ってしまうということです。

平清盛は保元の乱後、論功行賞《ろんこうこうしょう》によって播磨守《はりまのかみ》、現在の兵庫県知事に就任します。当時、播磨守は全国の国司のなかでもっともよいポストでした。なぜなら、京都から近いうえに、大国で豊かだったからです。さらに、二年後の保元三（一一五八）年には、大宰《だざいの》大弐《だいに》に就任します。これは大宰府の長官である大宰帥《だざいのそち》に次ぐナンバー2の地位です。もちろん、清盛自身は現地に赴任せず、京都で暮らしましたが、交易の利《り》を得たことでしょう。

清盛の父・忠盛《ただもり》は国司を歴任し、そこで儲けたお金で、鳥羽上皇のために寺を建立《こんりゅう》するなどの奉仕をしました。そして、御所の清涼殿への昇殿を許されるという、武士としては破格の待遇を受けます。前述の堂上平氏と肩を並べられるところまできたわけです。

忠盛は三位《さんみ》以上の貴族になること、つまり公卿になることが悲願だったと推測されますが、その夢は叶《かな》えられずに亡くなりました。清盛はそんな父を見ながら、保元の乱以降は特定の人物に味方することはせず、全方位外交を展開しながら、自分が組むべき相手を慎重に見極《みきわ》めています。

いっぽう、源義朝は父親を自らの手にかけましたが、それだけの犠牲を払って与えられた官職は左馬頭《さまのかみ》でした。朝廷が所有する馬や牧場の管理をする左馬寮《さまりょう》のトップですが、経済的なうまみはなく、不満を募《つの》らせていきます。

クーデターの勃発

藤原信頼は源義朝と組んで、政敵である信西を倒すことを企《たくら》みます。平治元（一一五九）年、平清盛が熊野詣《くまのもうで》（熊野三山《さんざん》＝熊野本宮《ほんぐう》大社・熊野速玉《はやたま》大社・熊野那智《なち》大社への参詣）のため、紀伊《きい》国（現・和歌山県、三重県西部）に出かけて京都を留守にした隙《すき》に、義朝とともにクーデターを敢行したのです（図表3）。

義朝は極秘のうちに兵を集め、京都で軍事行動を起こします。信西は山城《やましろ》国（現・京都府南部）の田原《たわら》まで逃げましたが、自害。その首は、京都で晒《さら》されました。

こうして、信頼が政治の実権を掌握。そして叙位《じょい》・除目《じもく》、つまり人事を発令しました。これを見ると、私は泣けてきます。なぜなら、義朝は命がけで伸《の》るか反《そ》るかの大博打《おおばくち》を打ったのに、与えられたのが播磨守だったからです。のちの頼朝が任命された征夷大将軍、そこまでいかずとも近衛大将《このえのたいしょう》（宮中の警護を担当する近衛府の長官）に任命されるならわかるのですが、国司である播磨守にすぎない。

おそらく、義朝は清盛が播磨守だったことが、うらやましくてしかたがなかったのでしょう。その地位を奪い取りたかっただけで、信西の行なっていた改革への反発とか、政治

図表3　平治の乱

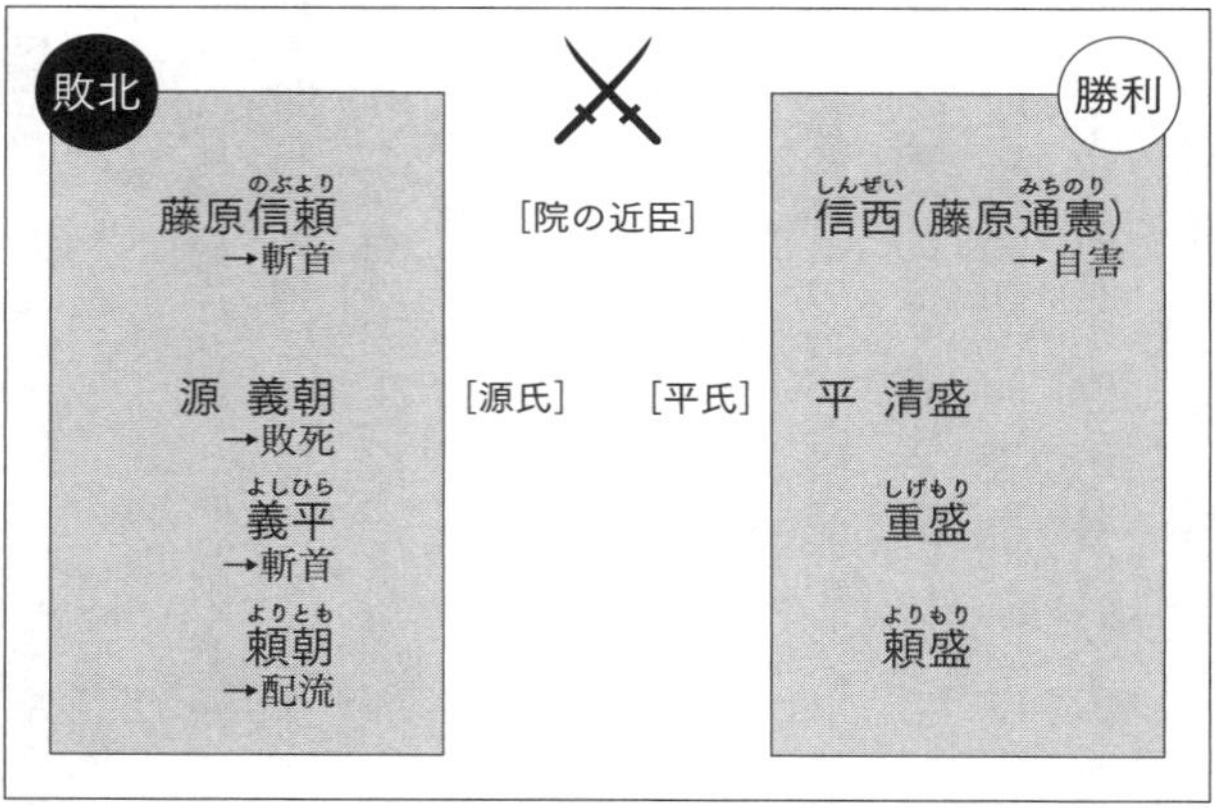

の在《あ》りようを変えることなど、これっぽっちも考えていなかった。信頼にしても同様で、政治機構の変革などまったく頭にありませんでした。

つまり、平治の乱とは単なる内乱なのです。別にどちらが勝っても大した違いはありません。要するに、律令のしくみのなかでの権力闘争であり、「コップのなかの嵐」にすぎなかったのです。

清盛はクーデターの知らせを受けて、すぐさま熊野から京都へ戻ってきます。義朝も当然、これを予想していたと思いますが、いったいどうするつもりだったのか、疑問が残ります。山《やま》崎《ざき》の戦いで敗れた明智光秀が落ちのびようとして土民《どみん》に殺されたように、清盛も夜盗の類《たぐい》に殺されるだろうなどと思っていたのでしょうか。

しかし、清盛は武器を整《ととの》え、兵をまとめて隊伍《たいご》を組んで堂々と京都に帰還するのです。それを聞いた義朝は「負けた」とつぶやいたと伝えられています。つまり、源氏と平氏では動かせる兵力に、圧倒的な差があったわけです。

清盛が京都に入ると、それまで日和見《ひよりみ》だった貴族たちは雪崩《なだれ》を打って、清盛への味方を決めます。清盛とまともにぶつかったら、義朝はとても敵《かな》わないと誰もが思っていたのです。そして、清盛の私宅に集まり、「どうか都の秩序を回復してください」と嘆願しました。やがて、二条天皇や後白河上皇も御所を脱出して、清盛のもとに来ました。

清盛と義朝との戦いの軍勢がどのくらいだったか、史料には記されていないのですが、おそらく清盛のほうが圧倒的に多かったと思われます。戦いは、清盛側の勝利で終わりました。敗れた義朝は関東で再起をはかろうと落ちのびる途中、尾張《おわり》国（現・愛知県西部）で家人《けにん》であった長田忠致《おさだただむね》・景致《かげむね》父子に裏切られ、殺されています。

なぜ源頼朝を殺さなかったのか

義朝の後継者で一三歳だった頼朝も捕《つか》まり、伊豆《いず》国（現・静岡県伊豆半島）に流されました。

源氏と平氏は不倶戴天《ふぐたいてん》の敵で鎬《しのぎ》を削《けず》っていたとよく言われますが、そうであるならば、いかに清盛の度量が広くとも、源氏の後継者である頼朝の命を奪わないわけがありません。しかし実際には、清盛は源氏が憎《にく》くて戦ったわけではありません。あくまでも天皇の命《めい》を受けて戦ったのであり、たまたま敵味方に分かれたというぐらいの認識ではなかったか。そういう解釈が一番妥当《だとう》だろうと思います。

もうひとつ、なぜ頼朝を伊豆国に流したかという疑問があります。

もし西国に流しておけば、西国は平氏の勢力圏ですから、頼朝が挙兵することは難しかったでしょう。その証拠に、頼朝の弟である希義《まれよし》は頼朝の挙兵後、すぐに土佐《とさ》国（現・高知県）で討ち取られています。にもかかわらず、なぜ頼朝をわざわざ「反乱を起こしてください」と言わんばかりに源氏の本拠地であった関東に流したのか。

これは、地域差を考えるべきなのでしょう。つまり、京都の人たちから見れば、伊豆という国などど田舎であり、そこに捨てて お終《しま》いという感じだったのです。

平治の乱で源氏が敗北した結果、平氏が武家の棟梁として唯一の存在となりました。貴族たちは、武士の実力を目《ま》の当たりにして、武家の棟梁である清盛をきちんと処遇しないと、自分たちの身が危《あや》うくなることを感じます。その結果、朝廷では清盛を中央政界に迎え入れるしか道がなくなりました。ですから、平治の乱自体は大した戦いではありませんでしたが、武士が朝廷の一員になったという点では大きな意味がありました。

清盛はこの後、あっというまに位人臣《くらいじんしん》をきわめ、太政大臣にまで出世していきます。武士のトップだけでなく、政治家としてもトップに上り詰めたわけです。

貴族が抱いた恐怖

平治の乱で、貴族たちは、相手を武力によって叩《たた》き潰すのが、政治を含めた戦いの本質であることを理解しました。さらに、武士は単なる番犬ではなく、時には主人に牙《きば》を剝《む》いてくる存在であることも知ったのです。

平治の乱の際、源義朝は相当に荒っぽいことをしています。『平治物語絵巻《へいじものがたりえまき》』を見ると、御所に火が放たれ、殺された女官たちが横たわっている様子が描写されています。着物がはだけているところを見ると、女官たちは陵辱《りようじよく》されたのかもしれません。そのような現実を見て、貴族たちは武力の持つ恐ろしさを思い知ったのです。

もし平治の乱がなければ、平清盛がたとえ中央政界入りしたとしても、中納言ぐらいが関の山だったでしょう。その程度ならば、平氏政権は生まれていなかった可能性もあるのです。

このように保元の乱・平治の乱を概観すると、それまで権力も権威も富《とみ》も独占していた貴族たちが無視できないほど、武士の力が強くなったことがわかります。

保元の乱では、信西が武士を積極的に使い、武士と武士とを戦わせて決着をつけるやり方を編み出しました。平治の乱では、貴族から見れば傭兵隊長にすぎなかった清盛が力をつけて自分で考えて行動するようになり、朝廷に乗り込んできました。それが二〇年後、源頼朝が関東で挙兵し、武士が権力を作り上げていくことにつながっていくのです。

当時の朝廷や貴族たちからすれば、どうでもいい地域の関東に、武士だけの権力が誕生するわけですが、保元・平治の乱はその大きなきっかけになった戦いだったのです。

第三章

治承・寿永の乱

誤解されている源平の争乱

治承《じしょう》・寿永《じゅえい》の乱とは源氏と平氏の戦い、いわゆる源平《げんぺい》の争乱のことです。治承四（一一八〇）年に源頼朝が挙兵してから、元暦《げんりゃく》二（平氏方は寿永四年とした。一一八五）年に壇《だん》の浦《うら》の戦い（現・山口県下関《しものせき》市）で平氏が滅亡するまで続きました。この間の年号から、治承・寿永の乱と呼ばれています。

しかし、なぜ源氏と平氏が戦ったのかという本質については、多くの人が（時に研究者ですら）、なかなか答えられません。実際、この質問を講演会で投げかけると、「ライバルである源氏と平氏の覇権争い」「武士のリーダーを決める最終決戦」などの答えが返ってきます。

これでは、紅白歌合戦のようなものです。赤組と白組が戦って雌雄《しゆう》を決するというのが、戦いの根幹だと見ているわけです。この「赤が勝つか、白が勝つか」というわかりやすい構図は、小学校の運動会などにも使われますが、私はこの見方が日本人の外交下手にもつながっているように思います。

なぜなら、現実の社会では「正義が勝つか、悪が勝つか」といった単純な図式で物事が動くことは、めったにないからです。通常、AとBが戦うと、CやDといった第三勢力が出現し、複雑な動きが繰り広げられます。

中国の歴史で言えば、紀元前五〜同三世紀の戦国時代に、「戦国七雄《せんごくしちゆう》」と呼ばれる国々、燕《えん》・斉《せい》・韓《かん》・魏《ぎ》・趙《ちよう》・秦《しん》・楚《そ》が割拠《かつきよ》しました。これらは時に戦い、時に牽制《けんせい》し、また連携しました。

紀元前三世紀の楚漢《そかん》戦争でも、日本では項羽と劉邦の戦いばかりがクローズアップされますが、その背後には万里《ばんり》の長城《ちようじよう》の北にいた騎馬民族の脅威がありました。

魏《ぎ》・呉《ご》・蜀《しよく》が分立した、三世紀の三国《さんごく》時代を見ると、魏が強大だったのに対し、呉・蜀は軍閥のような小勢力でした。赤壁《せきへき》の戦いの時点で、曹操《そうそう》（魏の始祖）の勢力を一〇とすれば、孫権《そんけん》（呉の初代皇帝）が二、劉備《りゆうび》（蜀の初代皇帝）が一ぐらいでしかありません。しかし、小さな軍閥でも手を組むと、強大な勢力とそれなりの戦いができることを、私たちは学ぶことができます。

最近の国際情勢で言えば、日本は「アメリカか、中国か」という単純な図式だけではなく、第三勢力の存在や、それとの連携も視野に入れてもいいのではないか。またヨーロッパやロシアとどうつきあっていくのか、あるいはどう利用するかを考えないと外交は成り立たないと思うのです。単純化した構図だけでは、現実の国際情勢を乗り切れません。

こうした日本人の「赤か、白か」という発想の根幹にあるのが、おそらく源平の争乱ではないかと私は考えているのです。

権門《けんもん》体制論と東国《とうごく》国家論

なぜ源氏と平氏が戦ったのかという本質を考えるために、まず当時の国家体制について押さえておきたいと思います。中世の国家体制については、大きく分けてふたつの考え方があります。

ひとつは「権門《けんもん》体制論」です。中世にも日本というひとつの国家があり、そのトップである朝廷（天皇）の下に、三つの勢力が存在したと見るものです。

国家があったとすると、中世ですから王が存在します。王とは、日本では天皇となります。その天皇（王家）を、貴族（公家）、武士（武家）、僧侶・神官《しんかん》（寺家《じけ》・社家《しやけ》）が支えている。貴族は政治を、武士は治安維持と軍事を、僧侶・神官は祭祀祈禱《さいしきとう》を担《にな》ったと見るわけです。

公家、武家、寺家はそれぞれの内部にある権門勢家《けんもんせいけ》、つまり権勢のある門閥や家柄を中心にまとまり、世襲原理で連《つら》なります。また、それぞれの経済基盤には荘園があり、そこから税を取るというシステムで機能していました。

この権門体制論を唱えたのが大阪大学教授を務めた黒田俊雄《くろだとしお》さん（故人）で、一九六〇年代に形が出来上がりました。対して、私の師匠で当時、関東の日本史学界のリーダー的存在だった東大名誉教授の石井進《いしいすすむ》先生（故人）は、「中世に明治以後の国民国家のようなものを安易に想定していいものか」と述べるにとどまり、それ以上の反論はしませんでした。

その後、石井先生の師匠で、東京大学教授や名古屋大学教授などを歴任した佐藤進一《さとうしんいち》先生（故人）が、一九八三年になって権門体制論に反論する形で展開したのが、もうひとつの考え方「東国国家論《とうごく》」です。

これは、中世に日本というひとつの国家があったという、権門体制論の前提に疑問を投げかけたものです。当時、日本はひとつだったのか、ひとつではなかったのではないかというわけです。

京都の天皇を中心とした政権（朝廷）に対し、鎌倉にも将軍を中心とした政権（幕府）があった。西の国家の王・天皇は貴族を束ね、東の国家の主宰者・将軍は武士を束ねて、両者は並び立っていた。すなわちふたつの国家があった。これが、東国国家論です。

このように、権門体制論と東国国家論は真《ま》っ向《こう》から対立する考え方と言えます。

東国国家論は「国家」という言葉を使っていますが、国家については定義が難しく、議論がややこしくなるので、「国家という考え方を除外して考えよう」と主張したのが、私のもうひとりの師匠・東京大学名誉教授の五味文彦《ごみふみひこ》先生による「ふたつの王権論」です。「国家」ではなく「王権」と考えたらどうかという提案です。将軍の権力を、東の王権ととらえたわけです。

さらに、東の王と西の王に加えて、北にも王がいたと考えるのが「三つの王権論」です。この場合の北の王とは、陸奥国（現・青森県、岩手県、宮城県、福島県）の平泉《ひらいずみ》で三代・一〇〇年間にわたって栄華《えいが》を誇った奥州藤原氏《おうしゅうふじわら》を指しています。これは東国国家論のバリエーションのひとつですが、三つの王権論を採ると、東北地方まで視野に入れた大きな見方になります。

いずれの論を採るにしても、問題になるのが武家の位置づけです。

権門体制論では、武家は公家や寺家・社家とともに天皇家を支える存在になります。この場合、天皇と将軍の関係は、必ず天皇が上、将軍が下ということになります。王家のトップである天皇が、武家のリーダーである将軍を従えているわけです。

ところが、東国国家論では、天皇も将軍も王権を形成している権力者であるととらえますから、天皇と将軍は上下関係ではなく、横並びの関係ということになります。

私は東国国家論を唱えており、権門体制論に立つ国際日本文化研究センター（以下、日《にち》文研《ぶんけん》）教授の井上章一《いのうえしょういち》さんと議論を交《か》わしたことがあります（井上章一・本郷和人著『日本史のミカタ』祥伝社新書）。

そこでも述べたことですが、中世史研究者のおよそ八五パーセントが、東国国家論ではなく権門体制論を支持しています。確かに権門体制論に立つと、平氏政権を考える時に都合がいいのです。平清盛は全国の武士をまとめ上げ、後白河上皇に仕えたわけですから、権門体制論の図式のなかで武家の棟梁になったと考えると、非常に座《すわ》りがいいわけです。

では、その清盛に対し、戦いを挑《いど》んだ源頼朝とはいった何者だったのでしょうか。

頼朝の真の目的

源頼朝は治承四（一一八〇）年に挙兵しましたが、前後して、源（木曽《きそ》）義仲《よしなか》も挙兵しています。この時期に挙兵したのが頼朝と義仲だけであれば、源氏と平氏の戦いと考えてもいいかもしれません。

しかし、平氏の家人であった肥後《ひご》国（現・熊本県）の菊池《きくち》氏や、伊予国の豪族・河野《こうの》氏は源氏と無関係にもかかわらず、挙兵しています。このほか、北陸でも各地で在庁官人《ざいちょうかんじん》（地方の中級官吏、主に現地の豪族が任命された）が挙兵しています。

こうなると、挙兵とは何かという基本的なことを考えなくてはなりません。

まず、頭に浮かぶのがクーデター。つまり武力行使による政変です。それが目指すものは政権奪取であったり、自らの政治的主張を認めさせることであったりします。

頼朝たちが具体的に何をしたかというと、国衙の奪取です。たとえば、頼朝は伊豆国の目代《もくだい》（国司が赴任しない時の代理）の山木《やまき》兼隆《かねたか》を討ち、国衙を奪《うば》いました。兼隆は伊豆国の正式な代表者ではありませんが、平氏の一族として実質的に支配していましたから、兼隆を討つことは、「この国はオレのものだ」と内外に示すことにほかなりません。

義仲も、信濃《しなの》国（現・長野県）の国衙を占拠しましたし、菊池氏も、河野氏も同様です。北陸では、国衙に仕えていた在庁官人たちが決起しています。

ということは、この時点では、日本の国全体を「オレのものにする」ということではありませんでした。日本の一《いち》地方を支配しようとした連中が次々に立ち上がったのが一連の挙兵だったのです。

これは、朝廷から見れば反乱です。ですから、平氏政権からすれば、朝廷の代わりに反乱分子を討たなければならないということになります。

このように考えてくると、治承・寿永の乱とは、源氏と平氏の戦いではなく、朝廷による反乱の鎮圧であり、それが源平の争乱として表われてきたものと言えるわけです。

源氏と平氏はよくライバルとか敵どうしと言われますが、第二章で述べたように、おたがいに敵でも何でもありませんでした。確かに平治の乱において全面対決に至りましたが、それは天皇の命令に従ったまでで、相手に怨《うら》みがあったからではありません。

そのことを示すいい事例が、『吾妻鏡《あづまかがみ》』に出てくる平宗盛《むねもり》のケースです。寿永三（一一八四）年に行なわれた一《いち》の谷《たに》の戦い（現・兵庫県神戸《こうべ》市）で敗北したあと、屋島《やしま》（香川県高松《たかまつ》市）にいた宗盛が朝廷に手紙を出していますが、そのなかで宗盛は「源氏と戦うといっても彼らに怨みがあるわけではない。源氏も平氏に怨みがあるわけではない。だから、どうか頼朝に言って仲直りさせてくれ」と訴えているのです。

要するに、源氏と平氏が相並《あい》んで朝廷を守《も》り立てていく形でいいではないかと宗盛は言っているわけです。どこまでが本心で、どこまでが駆け引きかはわかりませんが、彼の考え方自体は十分に成り立ちます。

また、そう考えないと、これに先んじてなされた頼朝と義仲の戦いが説明できません。源氏どうしが争っているわけですから。

では、頼朝は、あるいは義仲は何のために戦ったのか。

ふたりとも、最初は平氏を討つということで戦いを始めました。頼朝にしてみれば、父親を平氏に討たれているわけですから、敵討《かたきう》ちという面もあったかもしれません。しかし、義仲の場合は、自分の父親を頼朝の父親・義朝に討たれているわけですから（実際に戦闘をしたのは義朝の庶長子である義平《よしひら》)、平氏を討つこと自体が目的ではありませんでした。おそらく義仲のみならず、頼朝も自分の勢力を拡大するのが真の目的だったのではないか。

ここでもう一度、権門体制論の枠組《わくぐ》みで考えると、平清盛は権門体制論をはみ出そうとしていました。それまでずっと武家の棟梁として、つまり軍事部門のリーダーとして天皇を支えていましたが、治承三（一一七九）年のクーデターで後白河上皇を幽閉して政治生命を絶ちました。この時点で、清盛は権門体制論という図式からはみ出して、上皇や天皇の権限を侵《おか》しているのです。

この清盛の行動に対して、次々に挙兵をする者が出てきたわけです。

京都に近づかなかった頼朝

源頼朝がどのように戦いを進めたのか、その軌跡を辿《たど》っていきます（85ページの図表4）。

まず、治承四（一一八〇）年八月十七日に挙兵し、伊豆国を手中に収めます。ところが、伊豆だけでは勢力としては弱いので東へ、つまり相模国へ向かいました。相模国にはもっとも信頼できる三浦氏がおり、頼朝は三浦氏と連携をはかろうとしたわけです。

そこに立ちはだかったのが、大庭御厨《おおばみくりや》（現・神奈川県茅ヶ崎《ちさき》市、藤沢《ふじさわ》市）を支配していた大庭景親《かげちか》を大将格とする、平氏に与《くみ》する三〇〇〇人ほどの武士です。

いっぽう、頼朝が率いていたのは三〇〇人。両者がぶつかったのが石橋山《いしばしやま》の戦い（現・神奈川県小田原《おだわら》市）です。三〇〇と三〇〇〇ですから、頼朝に勝ち目はなく、戦死してもおかしくありませんでした。敗れた頼朝は九死に一生を得て、姿を隠したあと、海路で房総《ぼうそう》半島に落ちのびます。そして、再起を期するのです。

頼朝が来ると、安房国・上総国・下総国の武士たちは次々に臣従を申し出てきました。こうして頼朝の軍勢は一気に膨《ふく》れ上がるわけですが、それはなぜなのか。

実は、誰も明確な答えを出していません。私の師匠である石井進先生に聞いたところ、「そこだよ。それがわかれば苦労しない」と答えました。

私なりの解釈を述べると、武士たちは朝廷との関係を変えたかったのです。権門体制論で言うなら、朝廷の下に置かれた武家という立場を脱却したかった。せっかく開墾した土

図表4　源頼朝の挙兵

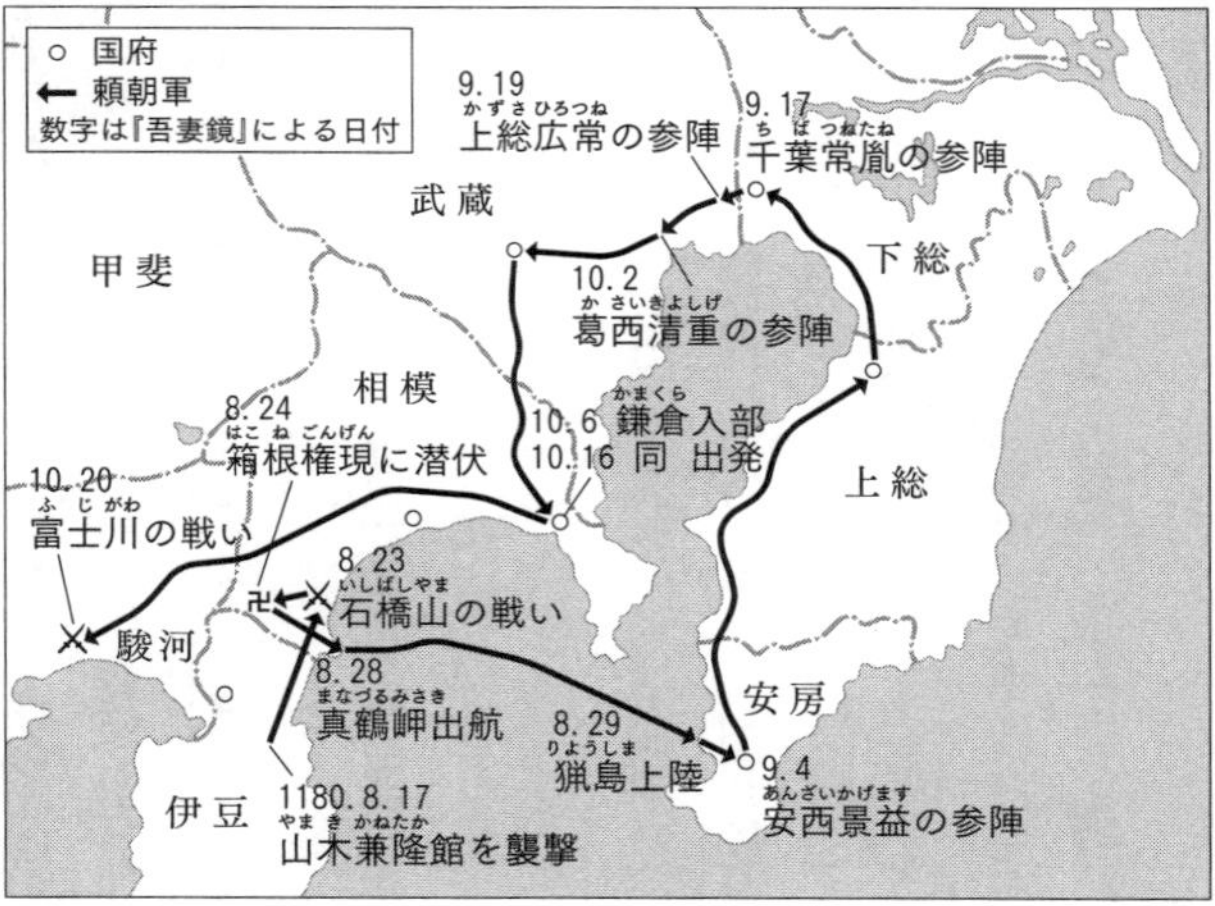

地を国衙などに奪われたくない。自分たちの土地や権利を守ってくれる人が欲しい。そこに、天皇の子孫である「貴種《きしゅ》」の頼朝がやってきた。このように考えれば、頼朝への彼らの異常なまでの期待を理解することができます。

ですから、頼朝は一種のお御輿《みこし》です。頼朝自身そのことをわかっていたから、京都に近づきませんでした（関東に覇《は》を唱えてからは二回しか上洛していません）。都の華《はな》やかな生活に心を奪われてしょっちゅう上洛していたら、武士たちから、その存在意義を疑われてしまうからです。

また、頼朝は妻である北条政子《まさこ》を捨てま

せんでした。政子は地元（京都から見ればはるかに田舎）の女性の代表のような存在です。彼女を軽《かろ》んじて、京都から美しい貴族の女性を連れてきたら、武士たちはやはり頼朝に疑念を抱いたでしょう。そのことを熟知していたからこそ、頼朝は政子を大切にしたのです。

頼朝は一三歳まで京都で暮らし、京都の雅《みやび》やかな女性も美味しい酒の味も知っていました。にもかかわらず、京都に見向きもしなかったのは、相当な覚悟を持っていたからでしょう。

さて、頼朝は安房国・上総国・下総国の武士たちを従え、当時の利根川《とねがわ》（現・隅田川《すみだがわ》）を渡り、武蔵国の武士たちを傘下《さんか》に加えて鎌倉に入ります。そして瞬《また》くまに、南関東を平定したのです。

それを知った平清盛は頼朝を討伐するために、大軍を関東に派遣します。繰り返しますが、これはライバルである源氏を倒すためではなく、朝廷に対して反旗を翻《ひるがえ》した反乱分子を討つことが目的でした。ですから、朝廷軍と、朝廷に仇《あだ》なす賊軍との戦いという見方ができるでしょう。

両軍が激突したのが、治承四（一一八〇）年十月に起きた富士川《ふじがわ》の戦い（現・静岡県富士《ふじ》市）です。清盛が派遣した軍勢は、当時の貴族の日記に「見たこともない大軍」と記され、『平家物語《へいけものがたり》』では七万人と書かれていますが、私は四〇〇〇人程度と見ています。

しかも兵站《へいたん》、つまり補給路がきちんと整備されていなかったため、富士川に辿り着く頃にはかなり兵数が減り、食べものもまともに供給されなかったでしょうから、戦意も失われていたと思います。そのようななかで、水鳥《みずとり》の羽音《はおと》を聞いた兵たちは「頼朝軍が攻めてきた」と勘違いして、逃げ帰るという情けない結果に終わります。

頼朝は富士川の戦いのあと、いったんは敗走していく平氏を追いかけて京都へ行こうとしましたが、結局、追討せずに鎌倉に戻りました。

歴史を変えた発言

問題は、ここで頼朝が平氏軍を追討せず、鎌倉へ帰ったのはなぜかということです。『吾妻鏡』には、頼朝の馬の轡《くつわ》を押さえた三人の武士の話が出てきます。三浦義澄《よしずみ》、千葉常胤《つねたね》、上総広常《ひろつね》の三人は「あなたがやらねばならないことは京都へ行くことではありません。関東を治めることこそ、やるべきことではないですか」と諫言。頼朝の追討を思いとどまらせようとしました。これに対し、頼朝は「確かにお前たちの言う通りだ。帰ろう」と言って、平氏追討をやめて鎌倉へ戻りました。

ここが、まさに歴史の分水嶺《ぶんすいれい》です。

この時まで頼朝の頭にあったのは、権門体制論だったと私は考えています。天皇家を支える武家のリーダーとして誰がもっともふさわしいのか。平清盛か、源頼朝か、それとも木曽義仲か。この戦いに勝った人間が、朝廷の枠組みのなかで朝廷を支える——頼朝はこのように考えていたのではないか。だからこそ、京都へ上ろうとしたわけです。

ところが、関東の武士たちは「いや、権門体制論ではもはやダメです。あなたがやるべきことは誰かの命令を受けることではなく、自分の力で関東を治めることです。私たちがあなたに期待しているのは東国国家論なのです」と強く主張した。

すると、頼朝はその意味を瞬時に理解し、「わかった。それでは、鎌倉を拠点にして、関東で新しい政権を作ろう」と決意して、鎌倉に帰っていったのです。

これが、私の仮説です。

いっぽうの清盛も前述のように、すでに権門体制論のなかでの武家の役割内にとどまっていませんでした。公家が担ってきた政治にまで手を出していたため、朝廷側としては清盛を排除する必要が生じていました。源氏に平氏を退治させたあとは、頼朝をうまくコントロールして、清盛のようにならないようにしようと考えたわけです。

しかし、東国に政権を打ち立てるという意味では、頼朝は無理をして平氏を討伐しなくてもよかったのかもしれません。

武士の、武士による、武士のための政権

頼朝はその後、関東での勢力範囲を広げていきます。常陸国の佐竹《さたけ》氏を従え、上野国の新田《にった》氏を屈服させ、下野国の足利氏（藤姓足利氏）を滅ぼしました。この結果、関東八カ国（37ページ）を平定することができたわけです。

寿永二（一一八三）年、木曽義仲の軍勢が頼朝より先に京都に入った時も「どうぞ、お好きに」という感じで、地固めのために鎌倉を動きませんでした。

京都に入った義仲は平氏を追い出しますが、やがて後白河上皇と政治的に対立するに至

ります。後白河上皇が頼朝に義仲追討を命じると、頼朝はこれを受けて、東国に築いた勢力を守るために立ち上がり、寿永三（一一八四）年に義仲を討ちました。

それに続いて、源平天下分け目と言うべき一の谷の戦いがあり、元暦二（一一八五）年には源義経《よしつね》が屋島の平氏の拠点を攻略します。さらに一カ月後には、壇の浦の戦いで平氏が滅亡。ここに、治承・寿永の乱が終わります。

では、頼朝や関東の武士たちが目指したものは何だったのか。

それは、武士の自立です。それまで天皇や貴族に従属させられていた武家の棟梁が、天皇と並ぶ存在になるということです。言い換えれば、関東が独立する。そのために、頼朝たちは戦ったということになります。

ですから、関東に生まれた新しい政権を一言で言えば、「武士の、武士による、武士のための政権」です。鎌倉幕府とは「源頼朝とその仲間たち」ということになるわけです。

頼朝と関東の武士たちは、一対一で主従の関係を結びます。「御家人」の誕生です。頼朝がそれぞれの武士に求めたのは、命がけの「奉公《ほうこう》」でした。具体的には、頼朝のために命を投げ出して戦場で戦うことです。

代わりに、頼朝がそれぞれの武士に与えたのが「御恩《ごおん》」です。御恩のなかでもっとも重要なのが、土地の所有・支配を頼朝の名で認める「本領安堵《ほんりょうあんど》」です。これこそ、武士たちがもっとも欲《ほっ》していたことでした。

関東の武士たちは、所有している土地の所有権をしょっちゅう侵害されていました。国衙や貴族、あるいはその先にいる天皇や上皇の権力のもと、自分の土地財産を守れないことがよくありました。ですから、朝廷や貴族に対抗するために、頼朝という自分たちのリーダーを担いだのです。

御恩には、新たな土地や職を与える「新恩給与《しんおんきゅうよ》」もあります。関東の武士たちは、木曽義仲と戦い、平氏と戦うことによって、褒美《ほうび》として次々に新しい土地をもらったのです。

頼朝と御家人たちの関係は、ラグビーの有名な言葉「One for all, All for one（ひとりはみんなのために、みんなはひとりのために）」にたとえることができます。

頼朝の御家人として編成された関東の武士たちは仲間意識を持ち、ひとりの御家人の権利が侵害されたら、頼朝の指揮下、みんなで一致協力して敵と戦いました。言い換えれば、相互に助け合う関係を機能的に行なうため、頼朝というリーダーが求められていたのです。

このように武士たちが協力し合う形は、のちのちまで続きました。室町時代になると、国人領主《こくじんりょうしゅ》（荘園を管理した荘官《しょうかん》・地頭《じとう》が土着して領主となった者）たちがおたがいに助け合う関係を作ります。

彼らが結束するために用いたのが一揆契状《いっきけいじょう》、つまり異議申し立てをする契約状ですが、そこで国人たちの約束を見守るのは、頼朝のような人物ではなく神仏《しんぶつ》でした。具体的には、一揆契状を焼いた灰を器《うつわ》に入れ、水を注いで回し飲みする一味神水《いちみしんすい》という儀式が行なわれました。約束を破る者には神仏の罰があたるという形で、結束を強固なものにしようとしたのです。

第四章

承久の乱

後鳥羽上皇による源実朝攻略

後鳥羽上皇が承久《じょうきゅう》三（一二二一）年、鎌倉幕府の執権（将軍を補佐し政務を統轄する幕府の最高職）・北条義時《よしとき》追討の院宣《いんぜん》（上皇・法皇の命によって出される文書）を出し、討幕をはかったのが承久の乱です。義時の息子・泰時《やすとき》らが京都に攻め上って勝利し、後鳥羽上皇ら三人の上皇を配流《はいる》（島流し）しました。日本史上唯一、官軍が敗れた戦いです。

承久の乱は旧体制（権門体制論）の復権を主張する後鳥羽上皇と、関東に独立した武家政権を樹立した新体制（東国国家論）を主張する鎌倉幕府との戦いというのが、私の見立てです。権門体制論と東国国家論については、第三章で述べた通りです。

後鳥羽上皇が鎌倉幕府に求めたのは、武家が王家を支えるしくみに復帰せよということです。それが端的に表われているのが、鎌倉幕府の第三代将軍である源実朝《さねとも》への働きかけです。

後鳥羽上皇はまず、実朝の家庭教師として源仲章《なかあきら》を派遣します。仲章は代々、院の近臣を輩出した家に生まれ、自身も後鳥羽上皇に仕えるとともに、御家人の資格も得ていました。家庭教師となってからは鎌倉と京都を往復。鎌倉の情報を後鳥羽上皇に伝えていたことは容易に想像できます。

さらに、実朝が和歌を趣味としていたので、『新古今和歌集《しんこきんわかしゅう》』の撰者《せんじゃ》のひとり藤原定家《さだいえ》に、和歌の添削にあたらせました。ちなみに、定家は国文学では「ていか」と読むことが多いようですが、中世史研究者は「さだいえ」と読んでいます。

また、征夷大将軍の宣下《せんげ》（天皇が任命すること）後も、次々に官職を与えていきました（左近衛大将《さこのえのたいしょう》、内大臣《ないだいじん》、右大臣など）。さらに、後鳥羽上皇の母親の出身である坊門《ぼうもん》家の信子《のぶこ》を鎌倉に下して、実朝の妻にしています。後鳥羽上皇と実朝は縁戚《えんせき》関係となったのです。

これらの厚遇を受けた実朝は「私は後鳥羽上皇に忠節を尽《つ》くします」という歌を詠《よ》んでいます。実朝が上皇に忠誠心を持てば、天皇に従順な武家の棟梁となり、権門体制論が復活できる可能性があったわけです。

これに対し、将軍・実朝が上皇になびき、自分たちのお御輿になっていないことに危機感を募らせた鎌倉の武士たちは結局、建保《けんぽう》七（一二一九）年、承久の乱の二年前に実朝を暗殺してしまうのです。

実朝暗殺の真相

実朝暗殺の実行犯は、第二代将軍・頼家の息子である公暁《くぎょう》であることはまちがいありません。しかし、背後に誰がいたのかについては、昔から議論が行なわれてきました。多くの人が黒幕と見ていたのが、第二代執権・北条義時です。

いっぽう、作家の永井路子《ながいみちこ》さんは「『吾妻鏡』をきちんと読めば、黒幕は三浦義村《よしむら》であることは疑いない」と主張しました。石井進先生も「すばらしい意見ですね」と言われていました。

また、関白・九条兼実《くじょうかねざね》の弟で、天台座主《てんだいざす》（天台宗の最高位）の慈円《じえん》は、『愚管抄《ぐかんしょう》』に「これは官打《かんう》ちである」と記しています。官打ちとは、身分不相応な官職を与えると、職責の重さが負担となり、言うならば位負《くらいま》けをして不幸になるということです。つまり、後鳥羽上皇が実朝にどんどん官職を与えて、潰したと解釈しているわけです。

このように、実朝暗殺については諸説ありますが、私はそんなに難しく考える必要はないと思っています。前述のように後鳥羽上皇は実朝を厚遇しましたが、その裏には、実朝を、クーデターを起こす前の平清盛のような存在にする意図がありました。かつての平氏は、武士たちをまとめて王家を支えた武家の棟梁だったのです。

たとえ実朝が鎌倉にいても、後鳥羽上皇の言うことを何でも素直に聞く将軍であれば、クーデター前の清盛と同じです。そう考えた後鳥羽上皇は、実朝が自分に忠誠心を持つような働きかけを行なったわけで、この意図を捻《ね》じ曲《ま》げて考える必要はないでしょう。

実朝は死去時に二八歳でしたが、子どもがいなかったため、次代将軍をどうするかという問題もありました。そのため、北条政子は京都に上ると、後鳥羽上皇の乳母・藤原兼子《けんし》に相談しています。実朝暗殺の前年のことです。

実は「政子」という名はこの時につけられたものです。つまり、朝廷に行くのに、名無《ななな》しの権兵衛《ごんべえ》ではまずいので、父・時政《ときまさ》の娘ということで政子となったのです。もちろん、夫である頼朝はすでに亡くなっていましたから、自分の妻が政子という名前になるなど、まったく考えていなかったでしょう。「聞いてないよー」というところでしょうか。

上洛した政子は従三位《じゅさんみ》という位をもらい、さらに従二位に昇《のぼ》ります。律令制下では三位以上が公卿（50ページ）であり、平清盛の父・忠盛ですら到達できなかったものです。忠盛の死から六五年で、時代はここまで変わった。すなわち、固陋《ころう》な朝廷や貴族社会でも、武家の地位が上がっていたのです。こののち従二位という位は、将軍の正室に与えられることが一般化し、おおむね江戸幕府の終焉《しゅうえん》まで続きました。

政子は藤原兼子を通じて、後鳥羽上皇に「次の将軍に上皇の皇子を頂戴《ちょうだい》できないでしょうか」とお願いしましたが、後鳥羽上皇にしてみれば、わが子が将軍になれば幕府は思いのままに操《あやつ》れると思い、ニンマリしたことでしょう。

いっぽう、幕府の武士たちは、しだいに実朝がお御輿としてふさわしくないと考えるようになりました。頼朝は何をおいても、関東の武士たちの代表であろうと努めましたが、実朝は京都とのつながりが深すぎるだけでなく、都の文化に憧《あこが》れ、武士のことなど考えていないように見えたからです。それで、暗殺に至ったわけです。

ですから、後鳥羽上皇黒幕説は論外ですが、北条義時黒幕説や三浦義村黒幕説も、私は採りません。関東の御家人みんなの合意のうえに暗殺されたと考えています。実朝の暗殺後、公暁の背後に誰がいるかといった調査はまったく行なわれませんでした。実行犯である公暁が殺されて、事件の幕引きがなされたのです。

もう源氏はいらない

実朝暗殺後、源氏の貴公子がふたり殺されています。ひとりは、実朝の従兄弟《いとこ》・阿野時元《あののときもと》です。頼朝の父である義朝の側室・常盤御前《ときわごぜん》には、今若丸《いまわかまる》、乙若丸《おとわかまる》（のちの義円《ぎえん》。治承・寿永の乱で戦死）、牛若丸《うしわかまる》（のちの義経。頼朝と対立し自害）という三人の息子がいましたが、この今若丸が時元の父・阿野全成《ぜんじょう》です。全成は頼朝の死後、生き残っていた唯一の弟でしたが、第二代将軍・頼家の命で殺されています。その子である時元が、実朝暗殺の翌月に討たれたのです。

もうひとりは頼家の息子で、公暁の弟となる禅暁《ぜんぎょう》です。実朝暗殺の翌年のことです。

源氏の嫡流、将軍の血を引く者がほとんどいなくなったわけです。これは、「もう源氏はいらない」という武士たちの意志表示にほかなりません。

将軍が不在になると、北条政子は後鳥羽上皇に「約束通り、皇子をください」と、具体的に頼仁《よりひと》親王と雅成《まさなり》親王の名を挙げて願い出ます。これを、後鳥羽上皇は拒否します。「オレに忠節を尽くすと誓《ちか》った実朝をよくも殺したな。関東のような野蛮なところに皇子をやれるか」という気持ちだったのでしょう。

天皇家に断《ことわ》られたため、政子の弟で執権の北条義時は、天皇家の次に尊いとされる藤原本家から、二歳の九条三寅《くじょうみとら》を鎌倉に迎えます。三寅には、わずかながら源氏の血が入っていました（義朝の玄孫《やしやご》）。三寅は長じて第四代将軍・藤原頼経《よりつね》になりましたが、こうなるとお御輿どころか、完全なお飾《かざ》りです。

このように、後鳥羽上皇が旧体制の復活を望んだと考えれば、承久の乱に至るまでの経緯がよくわかります。

後鳥羽上皇は関東にもうひとつの政権があると認識していたからこそ、権門体制論への復帰を強く望んだ。いっぽう、鎌倉幕府側は、自分たちはあくまで朝廷と別の権力であり、国家はふたつあっていいと考えていました。実朝が暗殺された時点で「こいつらはあくまでオレに逆《さか》らう気だ」と考えた後鳥羽上皇は、「それなら、武力によって幕府を倒さねばならない」と倒幕に舵《かじ》を切ったわけです。

この時点では東国国家、すなわち鎌倉幕府は安定していませんでした。後鳥羽上皇が「オレに従え」と呼びかけると、東国国家論になじめない全国の武士たちが後鳥羽上皇のもとに馳《は》せ参じて、戦いに発展していくわけです。

蠱毒《こどく》の戦い

鎌倉幕府内でも、源頼朝という偉大なリーダーがいる間は、御家人たちは頼朝に付き従っていました。その武士たちの期待に応《こた》えて、頼朝は政治を動かしたのです。ところが、頼朝の死後、誰が幕府の舵取りをするかで暗闘が展開され、次々に有力者たちが失脚していきます。

そのさまは、まるで蠱毒《こどく》のようです。蠱毒とは、古代中国で行なわれた呪術《じゅじゅつ》の一種です。ひとつの容器のなかにヘビ、ムカデ、ゲジゲジなどを入れて共食《ともぐ》いをさせ、勝ち残ったものを神として祀ります。そして、容器内にできた毒を採取、飲食物に混ぜて人に危害を加えたり、殺害したりしました。

この蠱毒の容器こそ、当時の鎌倉幕府です。そのなかで御家人たちが殺し合い、生き残った者がボスということになります。私はよくギリシャの哲学者ヘラクレイトスの言葉「戦いが王をつくる」を使うのですが、まさにこのケースです。

戦いのなかで勝ち残ったのが、北条義時でした。義時はのちの石田三成のように政治的な判断力には優れていましたが、大きな領地は持っていませんでした。ですから、陰謀によって、次々に有力な御家人たちを引きずり下ろしていくのです。

まず、梶原景時《かじわらかげとき》が失脚しました。景時は頼朝に重用《ちょうよう》され、第二代将軍・頼家からも「一《いち》の郎党《ろうとう》」と言われるほど忠誠心が厚く、仕事もできました。おもしろいのは、景時の失脚が、豊臣秀吉が亡くなったあとに三成が失脚するプロセスと似通っていることです。

秀吉の死後、豊臣政権には前田利家《まえだとしいえ》という重石《おもし》があり、利家が三成をかばっていました。その利家が亡くなると、加藤清正《かとうきよまさ》、福島正則《ふくしままさのり》、池田輝政《いけだてるまさ》、黒田長政《くろだながまさ》ら朝鮮出兵（文禄《ぶんろく》の役・慶長の役）で辛酸《しんさん》を舐《な》めた武将たちが、「三成をぶち殺す」と息巻いて集まります（七将襲撃事件《しちしょう》）。しかし、三成は秀吉の指示通りに動いただけです（彼らへの讒言《ざんげん》があったと言われますが）。清正らは秀吉の悪口は言えないので、その身代わりとして三成への憎悪《ぞうお》を募らせたのです。

景時の場合もまったく同じで、頼朝の指示通りに動いたために（御家人への讒言があったと言われますが）、その不平不満を一身に受けることになりました。頼朝が亡くなると、「あの野郎」と御家人たちの怒りが爆発。「オレも入れろ」「オレも混ぜてくれ」と六六人が弾劾状《だんがいじょう》を作り、頼家に訴えたのです。結果、失脚するだけでなく、正治《しょうじ》二（一二〇〇）

年に一族もろとも討たれています。

次に血祭りに上げられたのが、比企能員《ひきよしかず》です。能員は頼朝の乳母・比企尼《ひきのあま》の甥（のちに養子）であり、娘・若狭局《わかさのつぼね》は頼家の妻として嫡男・一幡《いちまん》を産んでいます。ということは、将軍家の外戚《がいせき》です。北条氏も将軍家の外戚として権力を握りましたが、比企氏も同じように台頭《たいとう》してきたわけです。

北条氏は元来が小規模な武家で、有力な比企氏とは兵力が違いますから、正面から戦っては勝てません。一計を案じた義時の父・時政は建仁《けんにん》三（一二〇三）年、能員をだまして自邸に呼び寄せ、警戒しないでやってきた彼を謀殺しました。その後、比企氏一族は滅ぼされ、将軍の子である一幡も殺されています。

続いて失脚させられたのが、畠山重忠《はたけやましげただ》です。重忠は治承・寿永の乱で活躍、「坂東武士の鑑《かがみ》」とまで言われた武蔵国の有力御家人でした。元久《げんきゅう》二（一二〇五）年、まず息子・重保《しげやす》が時政に謀殺され、その後、重忠は義時と戦って敗死するのです。これによって、北条氏は武蔵国に勢力範囲を広げました。

最終的な仕上げとして、和田義盛《わだよしもり》が滅亡します。鎌倉幕府には政務・財政を担当する政《まん》所《どころ》と、軍事・警察・御家人の統率を担当する侍所《さむらいどころ》のふたつの役所がありましたが、義盛は侍所の初代別当《べっとう》（長官）、つまりトップでした。

建暦《けんりゃく》三（一二一三）年、義時の謀計により、義盛ら和田氏一族が決起。鎌倉の将軍御所を襲うのですが、実朝は辛《から》くも脱出。その後、市街戦となるのですが、玉《ぎょく》（将軍・実朝）を擁《よう》し、数に勝《まさ》る幕府軍の前に和田勢は敗北しました。

これにより、政所別当の義時は侍所別当も兼ねることになり、幕府内の権力をしっかりと掌握しました。すでに元久二（一二〇五）年には、初代執権の父・時政を引退させており、義時が第二代執権に就いていました。

こうした蠱毒の戦いのなかで、生き残ったのが北条氏であり、義時でした。当時、「鎌倉政権の王は誰か」と聞かれたら、誰もが「北条義時です」と答えたでしょう。かつては鎌倉幕府とは「源頼朝とその仲間たち」でしたが、この時点で「北条義時とその仲間たち」に変わっていたのです。

日本史上もっとも優れた天皇

殺し合いによって関東の王となった北条義時の台頭を不快に思ったのが、後鳥羽上皇です。また、義時が実権を掌握する過程でパージされていった武士たちは、後鳥羽上皇のもとに集まってきました。

後鳥羽上皇は、政治的にも経済的にも文化的にも力を持った、非常に魅力的な治天の君でした。百二十五代を数える歴代天皇のなかで、資質という点では、おそらくもっとも優れた天皇だったと思います。和歌ひとつ取っても、藤原定家とやり合えるだけの歌が詠めたのですから、武士も含め、その吸引力も大きかったでしょう。

戦い方にしても、出たとこ勝負だった、のちの後醍醐《ごだいご》天皇とは異なり、きちんとした方法論に則《のっと》って幕府と戦っています。

簡単に言えば、後醍醐天皇は南都《なんと》・北嶺《ほくれい》頼みでした。南都は藤原氏の氏寺《うじでら》・興福寺《こうふくじ》、北嶺は天台宗の総本山・比叡山延暦寺です。南都・北嶺の僧兵は強大な軍事力であり、彼らを味方につけて戦うことが、歴代天皇の常套《じょうとう》手段になっていました。後醍醐天皇が幕府を倒そうとした時にも南都・北嶺を味方にしましたが、あとは楠木《くすのき》正成《まさしげ》や名和《なわ》長年《ながとし》らが参じた程度です。武士を集めるうえで、何ら新しい方法論を提示できていません。

いっぽう、後鳥羽上皇は戦いの火蓋《ひぶた》を切る時、全国の武士に向けて院宣を出しています。この文書には「北条義時を討て」と書いてある。研究者のなかには「後鳥羽上皇は北条義時ひとりを殺せと指示したのであって、幕府を滅亡させようとは思っていなかった」と解釈する人がいますが、これはまちがいです。

なぜなら、当時はまだ「幕府」という言葉は使われていませんでした。幕府という言葉が使われたのは、明治以降なのです。明治の研究者たちが鎌倉時代の政権を何と呼ぼうかと考えて、幕府という言葉を使うことにしただけのことです。

江戸時代になっても、幕府にあたる政権は「柳営《りゅうえい》」と呼ばれていました。ですから、鎌倉幕府、室町幕府、江戸幕府というのは学問上つけられた名前であって、当時そう呼ばれていたわけではありません。ですから、当然「幕府を倒せ」という表現も使われません。後醍醐天皇が幕府を倒せと言った時も、北条氏の代表たる「北条高時《たかとき》を討て」と言っています。

逆に言えば、前述のように、承久の乱の時点では、幕府とは「北条義時とその仲間たち」であり、それがまさに政権の実態だったのです。

幕府軍の京都制圧

後鳥羽上皇は承久三（一二二一）年に義時追討の院宣を出したあと、武士たちを集め、鎌倉に軍勢を派遣しました。

いっぽう、そのことを知った鎌倉幕府は、すぐさま京都に兵を派遣しようとします。この時、ひるむ御家人たちに北条政子が放った言葉「頼朝様の御恩は山より高く、海より深い」は、彼らを奮《ふる》い立たせました。せっかくできた東国国家が崩壊し、権門体制論の世に戻れば、また不安定な立場に置かれることを想像したわけです。

承久の乱の構図は非常に単純であり、治承・寿永の乱のように難しい解釈は不要です。つまり、義時を討って幕府を倒せば後鳥羽上皇の勝ち、後鳥羽上皇の意志を挫《くじ》けば義時の勝ちということです。

実は、幕府には二通りの選択肢がありました。ひとつは京都に兵を出して後鳥羽上皇を捕《と》らえること、もうひとつは攻めてくる朝廷軍を迎え討つことです。

それまで幕府を動かし、義時を補佐してきたのが、大江広元《おおえのひろもと》（政所の初代別当）や三善《みよしの》康信《やすのぶ》（問注所《もんちゅうじょ》の初代執事《しつじ》）ら、「京下《きょうくだ》り官人《かんじん》」と言われた文官たちです。彼らは下級貴族の出身で最初は朝廷に仕え、のちに幕府に仕えたわけですが、天皇や朝廷の強さ・弱さを知っています。広元は「鎌倉で待っていると朝廷側につく武士が増えるばかりだから、上洛して戦うべきだ」と主張します。

北条政子・義時はこれを受け入れ、京都に向けて進軍しますが、幕府側の軍勢はどのくらいの人数だったのか。

『吾妻鏡』には、最終的に一九万になったと書かれていますが、どう考えても、それほど多いとは思えません。

のちに、関東の軍勢が京都を制圧した時、後鳥羽上皇は討伐軍の大将だった北条泰時に文書を遣《つか》わしました。文書を受け取った泰時は、背後の武士たちに「この文書が読める者はいるか」と尋《たず》ねます。つまり、泰時本人をはじめ側近にも、字が読める者がいなかったのです。それで、背後の五〇〇〇人の武士のなかから、ひとりが進み出て文書を読んだと『吾妻鏡』に書かれています。

この時、幕府軍本隊（この他に北陸ルート軍がいた）は、瀬田《せた》方面隊と宇治《うじ》方面隊のふた手に分かれ、泰時は宇治方面隊を率いていました。ということは、五〇〇〇人×《かける》二＋《たす》αが、関東の軍勢と推察されます。多く見積もっても、一万五〇〇〇人程度でしょう。

前述のように、平清盛が源頼朝を討伐するために派遣した軍勢（私の推測では四〇〇〇人）が、「見たこともない大軍」とされたということは、後鳥羽上皇が味方につけた武士たちは、多くて三〇〇〇人程度でしょう。

ですから、幕府軍一万五〇〇〇人と朝廷軍三〇〇〇人の戦いだったと思われます。

朝廷軍は当初、鎌倉に攻め入ろうと考えていました。ところが、幕府側が大軍勢で攻めてくることがわかったために作戦を変更。美濃国《みののくに》（現・岐阜県南部）と尾張国の境《さかい》にある木曽川《きそがわ》に布陣します。この時、朝廷軍はミスを犯《おか》します。戦闘で一番やってはいけない戦力分散をしてしまったのです。これでは、数に勝る幕府軍に勝てるわけはありません。

その後、都を防衛するため、京都の玄関口である瀬田《せた》の唐橋《からはし》と宇治川《うじがわ》で迎え討ちます。これは定番の戦術で、木曽義仲が同様の布陣をしています。そして同じように突破され、京都を制圧されました。京都とは攻めやすく、守りにくい都市なのです。

権門体制の崩壊

京都が制圧された時、後鳥羽上皇は幕府軍に向けて「この戦いは私がやったわけではない。家来たちにそそのかされたのだ。今後、朝廷は軍事力をいっさい持たない」と記した院宣を発します。

つまり、太平洋戦争後、日本が戦争放棄を宣言したように、後鳥羽上皇の名で軍事力の放棄を告げたわけです。ですから、私はこの文書に「武力放棄の院宣」という名前をつけたらどうかと提案しています。実際、承久の乱のあと、朝廷は幕末に官軍が作られるまで、軍事力を持ちませんでした。

承久の乱の結果、幕府は朝廷のトップである後鳥羽上皇を隠岐島《おきのしま》（現・島根県隠岐郡）に、その第一皇子・土御門《つちみかど》上皇を土佐国に、同じく第三皇子・順徳《じゅんとく》上皇を佐渡島《さどがしま》（現・新潟県佐渡市）に配流しました。

さらに、孫の仲恭《ちゅうきょう》天皇は無理矢理に皇位から引きずり下ろされ、後堀河《ごほりかわ》天皇が擁立されました。後鳥羽上皇の直系子孫が排除されたわけです。ここで、きわめて重要なのは、天皇の存在が武力によって否定されたことです。

この点は今まで注目されてきませんでしたが、天皇の存在を否定する法的な根拠などはありません。たとえば、行状《ぎょうじょう》の悪い天皇がいたらやめさせてもいいという法律などなかったのです。どんなに行ないが悪かろうと、天皇はあくまでも天皇であるから奉《たてまつ》らねばならないとされているのに、武力＝暴力で退位させたわけです。

これによって、権門体制は完全に潰《つい》えたと私は考えています。逆に言えば、関東の独立が成立したわけです。

承久の乱以後も、将軍が天皇を任命するのではなく、天皇が将軍を任命しているのだから、権門体制論は成り立つのだ、と主張する研究者が数多くいます。しかし、それは形だけのことにすぎません。幕府が天皇を否定できるわけですから、権門体制論は成立しないということになります。

以降、鎌倉時代を通じて、朝廷は天皇が替わるたびに「この人を天皇にしていいですか」と幕府におうかがいを立てることが慣例になりました。もちろん、たいていの場合、幕府は「はい、けっこうです」と応じるのですが、四条《しじょう》天皇の次代を決める際には、朝廷が希望した忠成《ただなり》王が拒否されています。

これは、忠成王が順徳上皇の第五皇子であり、後鳥羽上皇の嫡系の孫となるからです。幕府は後鳥羽上皇の復活を嫌い、頑《かたく》なにその嫡流が即位することを認めませんでした。それどころか、もし朝廷が即位を強行したら、武力によって皇位から引きずり下ろせという指令を出していたのです。代わりに、幕府の後援を受けて天皇になったのが、傍流の後《ご》嵯峨《さが》天皇でした。

こうしたいきさつを見る限り、関東で朝廷から自立した政権・幕府が存在したという東国国家論が成り立つと私は考えているのです。

後鳥羽上皇側に加わった武士たちや朝廷の貴族たちが所有していた荘園は、全国で三〇〇〇カ所に上りました。これらは承久の乱のあと、幕府によって没収され、関東の武士たちに与えられました。鎌倉幕府が始まった時、平氏から没収した所領が五〇〇カ所でしたから、三〇〇〇カ所という数字がいかに大きいかがわかります。これによって、幕府の勢力は西国を含む全国に広がったのです。

このように、承久の乱によって鎌倉幕府は政権を確立。誰からも文句をつけられない形で安定しました。いっぽう、朝廷は武力放棄をさせられ、天皇は明治時代に大元帥《だいげんすい》となるまで、軍事に携《たずさ》わらないことになったのです。

霜月《しもつき》騒動

承久の乱によって幕府の権力が確立し、蠱毒の戦いを勝ち抜いた北条氏が王として支配する東国国家が定着しました。

その結果として、幕府は、朝廷がそれまで担ってきた役割もはたさなければならなくなりました。それは、統治権力として政治を行なうことです。そして貞永《じょうえい》元（一二三二）年、成文法である御成敗式目《ごせいばいしきもく》（貞永式目）を制定。法による統治を始めました。この御成敗式目は、鎌倉幕府の崩壊後の室町時代も有効性を失いませんでした。

すでに触れたように、承久の乱の際、武士たちは院宣が読めないという体《てい》たらくでした。しかし、武士はしだいに学び、統治者として成長していきます。その主体的な行動の結果として生まれたのが、撫民《ぶみん》の思想です。幕府は民《たみ》を愛し、民がよりよくなるように指導しなくてはならないという政治姿勢が育《はぐく》まれていったのです。

いっぽう、治承・寿永の乱で幕府が生まれた時、それは「武士の、武士による、武士のための政権」でした。そこに庶民の存在はありません。ですから、幕府はあくまで武士のためにあり、武士の利益を第一にすべきだと考える集団もありました。一時期「都民ファースト」という言葉が流行《はや》りましたが、それに倣《なら》えば、「御家人ファースト」を唱える勢力と言えるかもしれません。

このふたつの勢力は、しだいに対立するようになります。そこには考え方の違いだけでなく、政策の違いが出てきますから、権力闘争へと発展していきます。そこで御家人ファーストを主張したのが、平頼綱《よりつな》を中心としたグループ。幕府は民の統治にも責任を持たねばならないと主張したのが、安達泰盛を中心としたグループです。

安達泰盛は第八代執権・北条時宗《ときむね》の外戚で、有力な御家人でした。時宗の妻・覚山尼《かくさんに》は泰盛の妹でしたが、父・義景《よしかげ》の死去後は泰盛の養女となり、時宗に嫁《とつ》いだのです。安達家と北条家は代々、婚姻で結びついていました。

また時宗は、モンゴル軍が攻めてきた元寇《げんこう》（文永の役・弘安の役）の時に対処した執権として知られています。戦前は神風に守られて日本を守った人物として高く評価され、二〇〇一年にはNHK大河ドラマ「北条時宗」にもなっています。しかし、私は取り立てて優れた人物ではなかったと思っています。

平頼綱は北条得宗家《とくそうけ》（北条氏の嫡流。当主は執権となる。また北条一族を執権に任じる権限を持った）に仕える家臣・御内人《みうちびと》の筆頭である内管領《うちかんれい》でした。整理すると、将軍の家来が御家人であり、御家人・北条氏の家来が御内人となります。ですから、格は御家人のほうが上ですが、北条氏（なかでも得宗）の力が増すと、御内人が権力を握ったのです。

この御内人と御家人の対立が激しくなり、執権・北条時宗の死後、弘安八（一二八五）年に御内人・平頼綱が御家人・安達泰盛を滅ぼしたのが霜月騒動――これが一般的な解釈であり、教科書にもそのように記述されています。

しかし、私は違う見立てをしています。なぜなら当時、北条氏に臣従して御内人になっていた御家人は数多くおり、御内人vs.御家人という図式だけでは読み解けないと思うからです。

では、霜月騒動の本質は何か。

御家人ファーストを唱える頼綱グループと、幕府は民を含めた国全体に責任を持つべきと主張する泰盛グループの戦いであったというのが、私の考えです。時宗が生きている間は、両者はバランスを保っていましたが、元寇で疲弊した時宗が三四歳で亡くなると、対立は頂点に達し、武力衝突となったのです。

御家人ファーストの政権

霜月騒動の結果、平頼綱が勝利し、安達泰盛のグループは葬《ほうむ》り去られました。全国で五〇〇人もの御家人が犠牲になったと言われています。

その結果、何が起きたか。

佐藤進一先生は、御内人が勝利したことで北条氏の得宗体制、つまり専制的権力が強まったと主張しましたが、私は御家人ファーストが徹底したと考えています。つまり、鎌倉幕府は全国の政治に責任を持つ存在ではなく、武士の利益の代弁者になったということです。この解釈に立つと、債権・債務の放棄を命じた徳政令《とくせいれい》の意味がわかりやすくなります。

永仁《えいにん》五（一二九七）年、時宗の次の第九代執権・貞時《さだとき》によって永仁の徳政令が出されます。御家人が売却・質入れした所領の無償返還と、それに関する訴訟を受理しないことを命じたもので、要するに、御家人は借金を踏み倒してもよいということです。

御家人はだいたい御家人以外から借金をしており、その借金を棒引きにするわけですから、御家人以外の利益はまったく眼中《がんちゅう》にありません。御家人さえ守ればいいという、まさに御家人ファーストの政策です。この徳政令は、鎌倉幕府が滅亡するまで適用され続けました。

しかし、全国の政治を行なう責任を放棄したわけですから、当然ながら鎌倉幕府はしだいに民の信用・信頼を失い、崩壊に至ったのです。

第五章

足利尊氏の反乱

元弘《げんこう》の変の謎

足利尊氏の反乱とは、鎌倉幕府滅亡から室町幕府成立に至るまでに尊氏が起こした二回の反乱を指すもので、教科書などに記載されている歴史用語ではありません。しかし、こうしたほうがわかりやすくなるので、私が名づけたしだいです。

具体的には一回目が元弘《げんこう》三（一三三三）年の鎌倉幕府への反乱、二回目が建武《けんむ》二（一三三五）年の建武政権への反乱です。順に見ていきます。

鎌倉時代の末期、後醍醐天皇は正中《しょうちゅう》元（一三二四）年の正中の変、元弘元（一三三一）年の元弘の変と、二回にわたって倒幕を試《こころ》みました。

この元弘の変は、奇妙な事件です。後醍醐天皇の近臣・吉田定房《よしださだふさ》が鎌倉幕府に密告したために倒幕の計画が未然に発覚。後醍醐天皇は捕縛されて隠岐島に流されます。不可解なのは、密告した定房がその後、朝廷内で昇進し、建武政権の誕生時には内大臣にまでなったことです。これは、まさに前代未聞《ぜんだいみもん》の大抜擢《だいばってき》なのです。

もともと吉田家は朝廷の実務を担う中級貴族で、通常であれば中納言、どうがんばっても大納言止まりの家柄でした。吉田家は、承久の乱で崩壊しかけた朝廷を建て直すために、実務面で尽くした貴族たちの一家です。このような貴族たちのなかから、大納言まで昇進する者が鎌倉時代末までに二〇人ほど出ていたのは事実です。しかし、大臣の仲間入りをすることなどありえません。

『神皇正統記《じんのうしょうとうき》』の作者として知られる北畠親房《きたばたけちかふさ》などは、定房を名指しで罵《ののし》っています。親房自身は大納言止まりでしたから、「あの野郎、内大臣になんかなりやがって。身分不相応にもほどがある」というわけです。というのも、上級貴族である公卿のなかでも、大納言以下は「卿《けい》」、内大臣以上は「公《こう》」とされ、そこには越えられない一線があったからです。

いささか脱線しますが、テレビ番組「水戸黄門《みとこうもん》」ではストーリー終盤、「こちらにおわすお方をどなたと心得る。恐《おそ》れ多くも前《さき》の副将軍、水戸光圀《みとみつくに》公にあらせられるぞ」という決まり文句が出てきます。しかし、水戸（徳川）光圀は生前の最高位は権中納言（中国風に言うと「黄門」）ですから、水戸光圀公は誤りで、水戸光圀卿が正解です。

話を戻します。元弘の変の時に定房が本当に密告したとすると、後醍醐天皇を裏切ったわけですから、建武政権で冷遇されることはあっても、重用されることはないはず。

ということは、定房の密告は出来レースの可能性が高い。当時、後醍醐天皇の周囲に危険人物・信頼できない人物が集まってきて、謀議を重ねていた。これでは、幕府にバレるのも時間の問題だ。バレたら、後醍醐天皇の責任が問われる。そこで、定房は自分の身を犠牲にして「倒幕を計画したのは天皇ではなく、周囲の人間です」と密告することで、後醍醐天皇を救ったのではないか。

これだと私が嫌う陰謀史観になってしまうのですが、このケースについてはそう考えると納得がいくのです。

承久の変の際、後鳥羽上皇が「私がやったわけではない」と記したことは前述しましたが、後醍醐天皇も保身のために自分の手足を切り捨てたのです。だからこそ、建武政権誕生の際、定房の献身的な功《こう》に報いるために内大臣に大抜擢したのではないか、というのが私の仮説です。

護良《もりよし》親王のゲリラ戦

元弘の変の結果、後醍醐天皇は隠岐島に流されました。鎌倉幕府にしてみれば、これで一件落着。倒幕の計画は未遂のまま終わるはずでした。

ところが、後醍醐天皇の皇子・護良《もりよし》親王が大和国《やまと》（現・奈良県）でゲリラ戦を展開します。護良親王は言ってみれば、キューバ革命を起こしたフィデル・カストロやチェ・ゲバラのような存在です。このゲリラ戦がじわじわと効果を現わし、事態を変えていくわけです。

ちなみに、護良親王は戦前には「もりなが」親王と言っていましたが、現在は「もりよし」親王と呼ばれています。尊良《たかよし》親王、宗良《むねよし》親王など、後醍醐天皇の皇子たちはみな、名前に「良」という字が入っています。この「良」を「なが」と読むか、「よし」と読むかで論争があったのですが、義良《のりよし》親王（のちの後村上《ごむらかみ》天皇）を記した系図に「のりよし」というふりがなが見つかり、ならば「よし」だろうとなったのです。

この護良親王が出した令旨《りょうじ》（皇太子・皇后・親王の命によって出される文書）を受けて、元弘三（一三三三）年に挙兵したのが赤松則村《あかまつのりむら》（円心《えんしん》）であり、後醍醐天皇の呼びかけに応じたのが楠木正成です。彼らは土豪《どごう》、すなわち将軍と主従関係を結んでいない土着の豪族で、御家人になれない武士たちでした。

前述したように、鎌倉幕府は御家人ファーストに舵を切りましたが、御家人として幕府の庇護《ひご》を得られない武士たちが集まり、倒幕の戦いを繰り広げたわけです。

そして粘《ねば》り強くゲリラ戦を続けているうちに、後醍醐天皇が隠岐島を脱出します。脱出した後醍醐天皇を船上山《せんじょうさん》（現・鳥取県東伯《とうはく》郡琴浦《ことうら》町）に迎えたのが名和長年ですが、長年も御家人ではありません。

後醍醐天皇は倒幕の命令を下しても、多くの武士（御家人）を組織化して配下に取り込むことができませんでした。粘り強さは認めるにしても、これといった働きはしていないと言わざるをえないのです。

鎌倉幕府を倒したのは誰か

元弘三（一三三三）年、島流し先から脱出して船上山で挙兵した後醍醐天皇に対して、鎌倉幕府は、足利高氏《たかうじ》（のちの尊氏）に「後醍醐天皇を捕縛せよ」という命令を発します。高氏は鎌倉を出たものの、えっちらおっちらゆっくりと進軍していました。そして、篠村《しのむら》八幡宮（京都府亀岡《かめおか》市）まで来た時、大博打を打つのです。

「オレは後醍醐天皇に味方する」と宣言。全国の武士に向けて「自分とともに立ち、鎌倉幕府を滅ぼせ」という命令書を送ったのです。すると、佐々木導誉《ささきどうよ》（高氏《たかうじ》）らが集まり、わずか一カ月後の五月には六波羅探題《ろくはらたんだい》（京都に置かれた幕府の出先機関。朝廷監視と西国の御家人統括を目的とした）が陥落しました。

同じ五月、上野国で挙兵した新田義貞《よしさだ》は鎌倉を攻撃し、北条高時《たかとき》ら北条氏一族を自害に追い込みました。このため、鎌倉幕府を滅ぼしたのは鎌倉を攻略した義貞であると考える人がいます。あるいは、鎌倉攻めの大将は義貞ではなく、護良親王だとする考えもありますが、私はいずれも違うと思います。

鎌倉幕府を滅亡に追い込んだのは足利高氏である、というのが私の考えです。

その根拠は、鎌倉幕府滅亡後、武士たちが義貞の陣営ではなく、高氏の息子である千寿《せんじゅ》王（のちの第二代将軍・義詮《よしあきら》）の陣営に出向き、「私はこれだけの功を挙げましたので、認めてください」という恩賞の申し出をしていたことです。この事実からは、倒幕で大きな役割をはたしたのが高氏の命令だったことがわかります。そうだとすると、足利高氏の反乱（一回目）こそ、鎌倉幕府の息の根を止めたと言えるわけです。

鎌倉幕府は御家人ファーストを打ち出しました。表現を変えれば、「御家人の、御家人による、御家人のための政権」です。ですから、後醍醐天皇が何を命じようが、護良親王がいかにがんばろうが、御家人たちは幕府に背こうとはしませんでした。実際、後醍醐天皇・護良親王のもとには、楠木正成や赤松則村ら御家人ではない存在しか集まっていません。

ところが、事態は急変します。源氏一族のトップであり（源氏嫡流が絶えて以降は源氏嫡流にもっとも近い家柄）、幕府内で北条氏に次ぐナンバー2の地位にあった高氏が反旗を翻した時点で、はじめて御家人が動いたわけです。しかも、堰《せき》を切ったように反乱軍は増えていきます。

それだけ、北条氏の政権が見放されていたということにもなりますが、いずれにせよ鎌倉幕府は滅びました。ただし、正確に言うならば、実は鎌倉幕府が滅びたのではないと私は考えています。

というのも、武士（御家人）たちは鎌倉幕府というしくみを滅ぼしたのではなく、北条氏を滅ぼしたと思っていた。北条氏滅亡後は高氏が鎌倉に戻り、将軍なり執権に就任し、鎌倉幕府パート2が始まると思っていたのではないか。

ところが、まったく予想がはずれ、建武政権なる奇妙な政治が始まりました。武士たちはみな「あれ?」と首を傾《かし》げたことでしょう。

中先代《なかせんだい》の乱

鎌倉幕府滅亡の翌月、すなわち元弘三(一三三三)年六月に始まったのが、後醍醐天皇による建武政権です。土地の所有権をいったん白紙に戻し、すべて綸旨《りんじ》(天皇の意志を伝える文書)によって安堵するなど、これまでの慣習や武士を無視した政治を行ないました。

当然のことながら、全国の武士たちが各地で反乱を起こしました。武士の時代にもかかわらず、武士を認めない政権が存続することはありえません。

足利尊氏(後醍醐天皇の諱《いみな》・尊治《たかはる》から一字を賜《たまわ》り、高氏から尊氏に改名)は後醍醐天皇を敬愛していたが、各地で反乱が広がるなかで結局、後醍醐天皇に背くことになってしまったと考える研究者がいます。しかし、それはあまりにも歴史のダイナミズムがわかっていない見方です。

尊氏が後醍醐天皇を敬愛していようがいまいが、反乱の勃発は必然だったのです。尊氏が先頭に立たなくても、別の誰かが武士たちをまとめ、リーダーとなっていたでしょう。反乱のなかで大規模だったのが、建武二（一三三五）年に起きた北条氏の残党による中《なか》先代《せんだい》の乱です。これは北条氏の最後の中心人物だった北条高時の息子・時行《ときゆき》が起こしたもので、鎌倉を占拠しました。

尊氏は鎌倉を奪い返すべく、京都を出発。その際、後醍醐天皇に対し、「私を征夷大将軍に任命してください」と奏上《そうじょう》します。

征夷大将軍に任命されるということは、武士たちを束ねる権限を与えられるということです。具体的には、配下の武士たちの本領を安堵し、新恩を給与することであり、武士が所有する土地の訴訟を裁く権利を持つことです。

しかし、この申し出は後醍醐天皇にはねつけられます。尊氏は鎌倉に討伐に向かったもののこのままでは武士たちを味方にすることができず、戦いに負けてしまいます。このため、尊氏は自分の責任で次々に本領安堵、新恩給与の文書をばら撒《ま》き始めるのです。

尊氏は「自分の味方をしろ。自分との間に主従関係を設定しろ」と武士たちに呼びかけながら鎌倉に入り、中先代の乱を鎮圧しました。ですから、鎌倉に入った時点で、尊氏は天皇から任命されていなくても、事実上の征夷大将軍です。源頼朝と同じように武士たちに土地を配分しているわけですから、尊氏は頼朝と同じ立場になっていたのです。

佐藤進一先生は「この時に幕府が開かれた、と見ることもできる」と言っています。尊氏が事実上の将軍になった時点で、幕府が開かれたという考え方です。

ただし、尊氏はこの時点では、まだ明瞭な形で後醍醐天皇に歯向かっていません。ところが、後醍醐天皇のほうは尊氏が武士たちに土地を配分し始めた時から、「これは反乱である」として尊氏を謀反人《むほんにん》に認定。新田義貞に対して「足利尊氏を討て」と命じました。

このため、建武二（一三三五）年、尊氏はついに立ち上がり、箱根竹ノ下《はこねたけのした》の戦い（現・静岡県駿東郡小山町《すんとうぐんおやまちょう》）などで義貞軍を破ります。これが、足利尊氏の反乱（二回目）です。義貞は命からがら京都に逃げ帰りましたが、この時に京都に逃げ帰る義貞を追いかけて京都を占拠するか、それとも鎌倉に帰って鎌倉幕府と同じように東国国家を作るか、足利陣営でどちらにすべきか議論が行なわれました。

「鎌倉へ帰ろう」と主張したのが、尊氏の弟・直義《ただよし》です。しかし、足利軍は翌日、京都を目指して進軍を開始したと『太平記《たいへいき》』には書かれています。誰がそれを言ったかは書かれていませんが、直義の主張を覆《くつがえ》すことができるのはただひとり、尊氏にほかなりません。

なぜ室町幕府は京都に開かれたか

権門体制論と東国国家論というふたつの考え方で言えば、承久の乱で鎌倉幕府の東国国家論が勝利を収め、権門体制論を潰しました。

その後、建武の新政で後醍醐天皇が権門体制論を復活させようとしました。この時、もう一度、鎌倉で東国国家論をやろうと主張したのが、足利直義です。

ところが、足利尊氏は京都に上り、北小路室町《きたこうじむろまち》に幕府を開きました。この政権は「室町幕府」と呼ばれていますが、私は鎌倉幕府や江戸幕府という呼称と同じように、「京都幕府」でいいと思います。

尊氏が京都に幕府を開いたということは、東国国家論に立脚したうえで、東国の勢力を京都まで伸ばすことを意味します。つまり、東国国家が朝廷を飲み込む形で、新しい権力を作ろうとしたわけです。

ですから、この時点で、東国国家が西へと拡大する形で、まさに「ひとつの日本」が作られた。尊氏は、武士主導による「ひとつの日本」を考えたというのが、私の考えです。

ただし、「ひとつの日本」を目指したものの、ひとつの国家を実現することはできませんでした。権門体制論の復活を目指した建武政権があっというまに終わったように、尊氏が目指した武士によるひとつの国家像も、南北朝の動乱（第六章で後述）によって、幻《まぼろし》のように消え去ったのです。

さらに、第三代将軍・義満《よしみつ》は関東地方と東北地方を切り離してしまいます（第七章で後述）。結局、「ひとつの日本」が形成されるのは、豊臣秀吉による天下統一まで待たなくてはなりませんでした。

鎌倉幕府2.0

足利尊氏が京都に幕府を開いたもうひとつの理由が、経済です。

源頼朝および鎌倉幕府が目指したのは「武士の、武士による、武士のための政治」。しかも、関東の武士を中心にしたものですから、土地に根差した農業中心となります。平清盛のような、日宋《にっそう》貿易を進めて経済の活性化をはかるものとは方向性がまったく違う。言うならば、質実剛健を旨《むね》とする倹約《けんやく》政策です。

この倹約は、江戸幕府の三大改革（徳川吉宗《よしむね》による享保《きょうほう》の改革・松平定信《まつだいらさだのぶ》による寛政《かんせい》の改革・水野忠邦《みずのただくに》による天保《てんぽう》の改革）にも出てくる、定番中の定番です。

しかし、倹約重視の政策は無駄を省《はぶ》くのには効果がありますが、根本的な解決にはなりません。リストラをいくら行なってもパイは大きくならないので、経済の活性化につながらないのです。実効性という点では、江戸時代に限れば、田沼意次《たぬまおきつぐ》の経済政策ぐらいしか見るべきものはありません。

承久の乱のあと、国外から貨幣（宋銭《そうせん》）が大量に流入。これを基盤に日本列島に貨幣経済が根づき、十三世紀中頃までに確立しました。日本各地で商取引が活発化し、経済が活性化したのです。

そうしたなかで、土地を第一に政策を立ててきた鎌倉幕府の政治は大きく揺らぐことになります。武士といえども、新しい品物が入ってくれば欲しくなるのが人情ですから、一番大事な土地を売ってでも手に入れようとする武士がたくさん出てきたのです。

幕府の財産とは御家人の不動産の総和ですから、御家人が土地を売り払って品物を手に入れるようになると、当然ながら幕府の財産もどんどん目減りしていきます。ここに、永仁の徳政令が出される素地があります。単に御家人を助けるだけでなく、幕府を助けるという意味もあったわけです。逆に言えば、鎌倉幕府は貨幣経済の進展に追いつけなかったのです。

経済においては、京都が日本の流通の中心であり、尊氏は京都を押さえなければ経済を制御することができないことをわかっていたのでしょう。だから、京都に上り、政治も経済も掌中《しょうちゅう》に収めた、新しい国家を作ろうと考えたのではないか。私はこのように考えています。

こうして、尊氏は二回の反乱によって、建武三（一三三六）年に室町幕府を開きます。室町幕府は、御成敗式目など鎌倉幕府が作った法律をそのまま踏襲しています。このことは、鎌倉幕府の否定ではなく、認めたうえで作られた政権であることを意味します。言うならば、鎌倉幕府2.0。鎌倉幕府の延長上にあったのが、室町幕府なのです。

第六章

観応の擾乱

日本をふたつに分けた戦い

観応《かんのう》の擾乱《じょうらん》とは何か。南北朝の対立が絡んでややこしく見えますが、一言で言えば、観応元（一三五〇）年から同三（一三五二）年に起きた、室町幕府の内部抗争です。最初に将軍・足利尊氏の執事（家宰《かさい》）である高師直《こうのもろなお》と、尊氏の弟で副将軍の直義が争い、師直が敗死。次に直義と尊氏が戦い、敗北した直義の死によって終わります。

尊氏は建武政権を倒すと、建武三（一三三六）年、光明《こうみょう》天皇（持明院統《じみょういんとう》、北朝《ほくちょう》）を擁立します。対して、後醍醐天皇（大覚寺統《だいかくじとう》、南朝《なんちょう》）は吉野《よしの》（現・奈良県吉野郡吉野町）に移って「自分こそ正統である」と主張。以降、ふたつの朝廷が並立・対立する事態となります。いわゆる南北朝の動乱です。

南北朝の動乱は、各地の武士を巻き込んで全国化するのですが、観応の擾乱はそのなかで起きたものです。

余談ですが、私は大学院博士課程の頃、南北朝の動乱を年代ごとに輪切《わぎ》りにして、各地の動きや戦いを地図に落とし込んだ図表を作ったことがあります。一九八六年に「週刊朝日百科　日本の歴史」に掲載されたのですが、今、学界の重鎮《じゅうちん》になっているある学者からは「細《こま》かすぎて、ようわからん」と言われたほど、膨大《ぼうだい》なデータが収録されていました。抗争はそれだけ大規模、かつ入り組んでいたわけです。

まずは、観応の擾乱で尊氏と直義が戦った意味について考えてみたいと思います。最初に考えなければいけないのは大義名分《たいぎめいぶん》、すなわち戦いの正当性です。たとえば、源頼朝はその存在自体が、言わば錦《にしき》の御旗《みはた》になりました。天皇家の血を引く、源氏の嫡流ですから、頼朝を担げば、自分たちの行動が正当化されたわけです。

では、尊氏と直義の戦いの場合はどうか。全国の武士たちが尊氏党と直義党に分かれて戦ったわけですが、九州では南朝も含めて三《み》つ巴《どもえ》の戦いとなりました。尊氏党の大友《おおとも》氏、直義党の少弐《しょうに》氏、南朝の菊池《きくち》氏の三勢力です。

実は、これは現地の都合です。九州北・中部の三強だった三氏がそれぞれの勢力を伸ばすことが目的であって、自分がどの陣営に入るかは二の次です。そして、その時のさまざまな力学で誰を担ぐかが決まったにすぎません。

これは東北でも同様です。奥州を治めよと派遣された、畠山国氏《くにうじ》と吉良貞家《きらさだいえ》というふたりの武将が戦ったのですが、それぞれ尊氏・直義を担ぐことによって、自らの行動を正当化しました。南北朝の動乱もまったく同じです。各地の勢力争いがあって、片方が北朝を担ぐと、もう片方は南朝を担ぐという形で対立が激化、入り組んでいったのです。

ですから、これらの戦いに、各地の武士に選択を迫《せま》るような大義名分はなかったと考えざるをえません。

次に考えなければいけないのは、イデオロギーの戦いであったのかという点です。たとえば、尊氏は「国を左右するのは金《かね》であり、経済である」と主張し、直義は「金ではなく土地だ」と主張した、というわけではありません。各地の武士たちは、どちらかの主張・考えに賛同して戦ったというのではないのです。そのようなイデオロギー対立はありませんでした。

では、なぜ戦ったのか。私は、それぞれの地域の武士のレベルでは、単に尊氏と直義のどちらについたほうが得か、自分の利益になるか、出世できるかといった目論見《もくろみ》で戦ったと考えています。

天皇の価値は低い⁉

　では、尊氏と直義の戦いは、どれくらいの規模だったのでしょうか。のちの応仁の乱で、守護《しゅご》大名が京都に連れてきた軍勢が雑兵《ぞうひょう》も含めて二〇〇〇人ぐらいですから、おそらく同程度ではないか。

　注目したいのは、直義が鎌倉に向かった時のことです。逃げる直義軍を追いかける形で尊氏軍は関東に向かいましたが、自分が京都を留守にする間に、南朝の軍勢が動き出すことを警戒した尊氏は、下向《げこう》前にいわゆる「正平一統《しょうへいいっとう》」に踏み切ります。

　正平一統とは、一時的ですが南北朝が統一されたことを指します。尊氏は観応二（一三五一）年、南朝と和議を結びます。北朝の崇光《すこう》天皇を退位させ、観応という北朝の年号を廃止して、南朝の年号・正平に統一しました。そして、形だけですが、尊氏は南朝の後村上天皇に忠誠を誓うのです。北朝の天皇は、尊氏の方便として利用されました。このことは、観応の擾乱において、天皇の価値がそれほど高くなかったことを示しています。

　尊氏は、息子の義詮（のちに第二代将軍）に「京都を守れ」と指示をしますが、軍事指揮官としての義詮はきわめて平凡でした。さらに、前述のように、京都は地形的に攻めや

す く、守りにくい都市です。

当時、南朝は後村上天皇が吉野宮《よしののみや》におり、最高司令官・北畠親房のもとで、楠木一族の残党が兵力として存在していました。それは、どんなに多く見積もっても三〇〇〇人ぐらいでしょう。尊氏はこの軍勢を警戒したわけです。

尊氏の下向後、はたして親房の軍勢が京都に攻め寄せてきます。この時の戦いを見ると、京都を中心とする限られた地域では、二〇〇〇～三〇〇〇人程度でもきわめて有効に機能することがわかります。

源頼朝と足利尊氏の違い

ここでちょっとおさらいをします。源頼朝は治承四（一一八〇）年の富士川の戦いで平氏軍を破り、京都へ敗走する平氏軍を追撃しようとした時、関東の武士たちに「あなたがやるべきことは関東を治めることだ」と諫《いさ》められると、鎌倉に戻り、京都には近づきませんでした。

いっぽう、尊氏は建武二（一三三五）年に新田義貞を破り、京都へ敗走する義貞軍を追撃するかどうかを話し合う軍議で直義が関東へ帰ることを主張しても、進撃し、京都に幕府を開きました。

なぜ、直義は関東へ帰ることを主張したのでしょうか。

それは、「武士の政権は東国に、朝廷は京都に」という鎌倉幕府以来の住み分けが理想と考えたからです。その一端は、室町幕府の政治方針をまとめた建武式目《けんむしきもく》に出ています。

室町幕府は建武三（一三三六）年に建武式目が制定されたことによって成立したというのが中世史研究者の定説であり、その制定は重視されています。

建武式目の前文には「鎌倉は武家にとって大変縁起《えんぎ》のよいところであるから、鎌倉に武家の都を作り武家政権を運営するのが好ましい。だが、違う考え方もありうる」という趣旨のことが書かれています。建武式目は基本的に直義の指揮下でまとめられたものですから、前のほうの「鎌倉」は直義の意見であり、「違う考え方」は京都で政権運営をした尊氏の意見を指していると思われます。この点からも、京都に拠点を置いて幕府を運営することを決めた張本人が尊氏であることは動かないと私は考えています。

では、尊氏はなぜ京都に幕府を開いたのか。

それは、第五章の最後で述べたように、流通の中心である京都を押さえることで日本全体の経済を支配し、「ひとつの日本」を実現しようとしたからです。

時代の趨勢《すうせい》は、明らかに「京都へ」でした。もし、尊氏が直義の進言に従って鎌倉で政権を運営したとしても、別の誰かが京都で政権を立ち上げ、足利政権を滅ぼしたのではないでしょうか。あるいは、鎌倉時代のように鎌倉と京都、ふたつの政権が並立したとしても、それは両方とも武家の政権だったでしょう。歴史の針は、もう権門体制論には戻せないのです。

このように、武家のリーダーたる尊氏と直義は、各々が根本的に異なる考えを持っており、それは相容《あいい》れないものでした。ですから、おたがい妥協することは難しい。どちらかが滅びるまで戦わざるをえなかったのです。

二頭政治と将軍権力

尊氏と直義は、父・貞氏《さだうじ》の側室だった上杉清子《うえすぎきよこ》を母とする兄弟です。この時代、母親が異なることは珍しくありませんでしたが、ふたりは父母とも同じでした。その性格はまったく違ったようですが、仲は大変よかったと言われています。

兄の尊氏は、自分は政治には向かないと自覚し、これを弟の直義に任せました。そのうえで、自分は軍事を担当しました。ふたりは「両大将」などと当時の史料に記されていますから、この体制は「二頭政治」と呼ぶにふさわしいものでした。この背景を理解するためには、将軍権力の構造について知る必要があります。

中世史研究者にとって常識とも言える定説のひとつが、「将軍権力の二元論」です。将軍は、主従制的支配権（軍事）と統治権的支配権（政治）のふたつを保持していたとするものです。

これは佐藤進一先生が提唱しましたが、実は尊氏と直義の二頭政治を根拠として論証されたものです。軍事を担っていた尊氏から主従制的支配権、政治を担っていた直義の権力のあり方から統治権的支配権という言葉が生み出され、そのふたつが合わさって将軍権力が立ち現われることを論証したわけです。

主従制的支配権とは、主人（将軍）と従者（武士）の間の支配関係のことです。将軍は武士に「御恩（本領安堵、新恩給与）」を与える代わりに、武士は将軍に「奉公（戦場での働き)」する。いわゆる御恩と奉公の関係です。

統治権的支配権とは、政治を行なうことと裁判で裁くことです。武士は律令制のしくみではなく、御成敗式目など、幕府が定めたルールに従わねばなりませんし、土地をめぐる争いがあれば、幕府のしかるべき役所(政所など)に訴えて、その判断を受け入れなければなりません。

すこし話が逸《そ》れますが、この定説を元にして、「徳川家康が将軍になったのはいつか?」を解いてみましょう。

A君は「一六〇三年」と答えました。なるほど、家康が慶長八(一六〇三)年に征夷大将軍に任じられた時ですね。教科書にそう書いてありますし、多くの近世史研究者もこのように考えています。

でも、本郷君は「一六〇〇年」と答えます。慶長五(一六〇〇)年に関ヶ原の戦いが終わり、西軍の毛利輝元を追い出して、大坂城に入った時です。

家康は関ヶ原の戦いが終わると大坂城に入り、論功行賞を始めました。西軍の武将には「おまえは切腹せよ」「おまえの所領は没収する」と命じ、東軍の武将には「あなたはよく働いたから土地をあげよう（新恩給与）」と命じました。東軍にも西軍にも所属しなかった武将に対しても「あなたは敵に回らなかったから土地を保証する（本領安堵）」と書状を出しています。彼らはみな、それに従いました。

ということは、家康はこの時点で全国の大名、ひいては武士たちとの間に主従制的支配権を確立している。つまり、将軍権力を行使している。将軍としてふるまっているのですから、本郷君は、江戸幕府の成立を一六〇〇年にしてはどうかと考えています。

さて、室町幕府の場合、尊氏が主従制的支配権（軍事）を、直義が統治権的支配権（政治）を担当・行使したことになります。ふたりを「両大将」と呼ぶこともありますが、あくまで将軍は尊氏であり、直義を将軍と呼ぶことはありませんでした。

このことから、ふたつの権力のうち主従制的支配権を行使する存在が武家政権の主《あるじ》であり、天下人の第一の条件であったことがわかります。あくまで軍事主導であるのが武家政権の本質なのです。「鎌倉幕府成立も、室町幕府成立も、征夷大将軍という官職への就任が決め手ではない」と中世史研究者は考えています。これに比べると、近世史研究者はあくまでも形式を重んじるのでしょうか。

古文書を読み解く① 下文《くだしぶみ》

将軍権力について、実際の古文書から見てみましょう。

武士が将軍からもらう一番大切な文書が、下文《くだしぶみ》です。下文とは、平安時代末期から使用された公文書で、冒頭に「下《くだす》」と書き出すことから、このように呼ばれています。武士の場合、将軍が「この土地はまちがいなくあなたのものである」と認める本領安堵と、「あなたに新しい土地を与える」新恩給与の二種類があります。

写真1は、東京大学史料編纂所で所蔵する国宝「島津《しまづ》家《け》文書《もんじょ》」のなかのひとつで、源頼朝から島津氏の祖とされる御家人・惟宗《これむね》（島津）忠久《ただひさ》へ下した文書です。

文書の右側を「袖《そで》」、左側を「奥《おく》」と言いますが、この文書の袖、つまり一番右側にあるのが頼朝の花押《かおう》（サイン）です。ですから、この文書は「源 頼朝袖判下文《みなもとのよりともそではんくだしぶみ》」と呼ばれます。花押は頼朝の自筆ですが、文章を記しているのは祐筆《ゆうひつ》（書記官）です。

花押の次の行に「下《くだす》」、その次の行に「補任《ぶにんす》 地頭職事《じとうしきのこと》」とあり、さらに「左兵衛《さひょうえの》尉惟宗忠久《じょうこれむねのただひさ》」とあるように、頼朝の命で忠久を地頭に任じていることがわかります。最後から三～二行目の「為彼職可致沙汰之《かのしきとしてさたいたすべきの》状 如 件《じょうくだんのごとし》」は、「地頭として勤《いそ》しむべきことは

写真1　源頼朝袖判《そではん》下《くだし》文《ぶみ》（島津《しまづ》家文書）

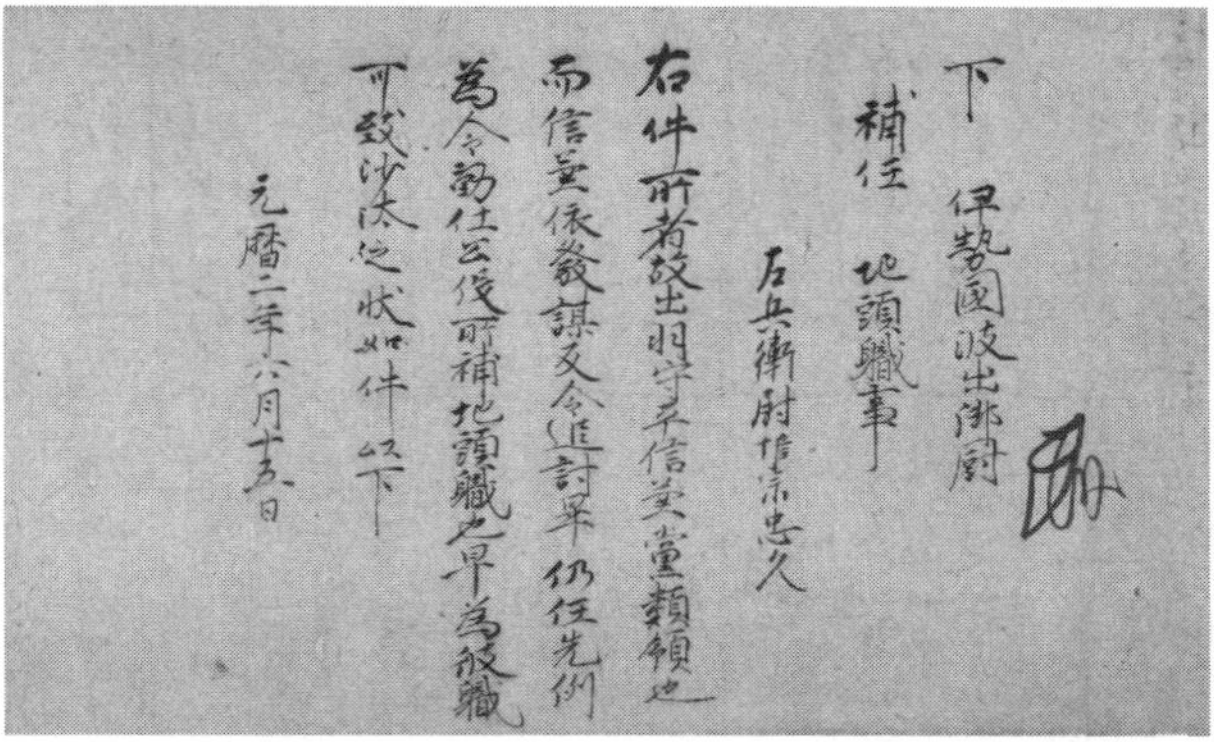
下　伊勢国波出御厨
補任　地頭職事
左兵衛尉惟宗忠久
右件所者故出羽守平信兼党類領也
而信兼依発謀反令追討畢　仍任先例
為令勤仕公役所補地頭職也　早為彼職
可致沙汰之状如件　以下
元暦二年六月十五日

（東京大学史料編纂所 所蔵）

以上のごとくである」という意味です。最後の「元暦二年六月十五日」は文書が記された日で、一一八五年の平氏滅亡の年であることがわかります。

ちなみに、明らかにニセモノとわかる頼朝の袖判下文が、あるオークションで二〇〇〇万円の値がついたことがあるので、ホンモノなら五〇〇〇万円は下らないのではないでしょうか。お金のことを言うのは不謹慎ですが……。

写真2（148ページ）も、頼朝から忠久への下文です。最初の行で「前《さきの》右《う》大将《だいしょう》家《け》政所《まんどころ》下《くだす》」とありますが、これは頼朝が偉くなったため（三位以上の位階を得た）、将軍個人の名前でなく、家政機関である政所が文書を出しているわ

写真2 前《さきの》右《う》大将《だいしよう》家《け》政所《まんどころ》下文（島津家文書）

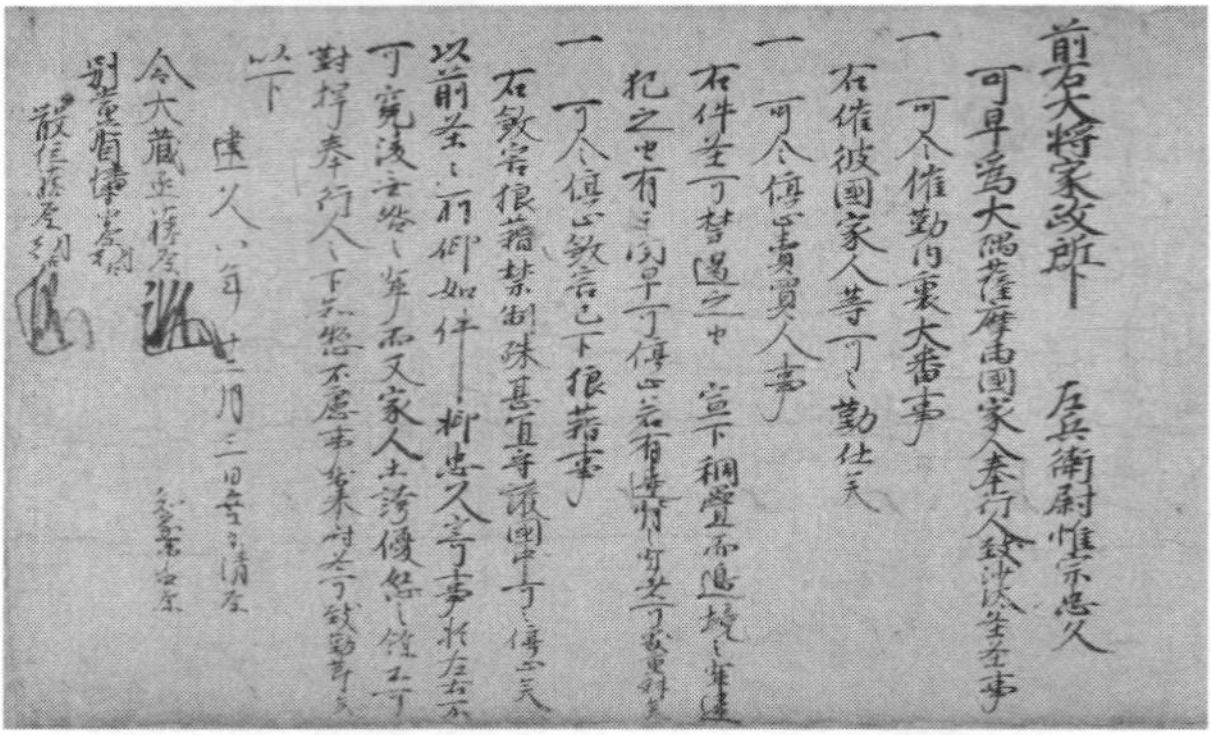

（東京大学史料編纂所 所蔵）

けです。「政所下文《まんどころくだしぶみ》」と呼ばれます。最後から四行目の「建久《けんきゆう》八年十二月三日」から、頼朝死去の二年前の一一九七年であることがわかります。

写真3は同じく政所の下文ですが、時代が下って正慶《しようきよう》元（一三三二）年、鎌倉幕府滅亡の一年前のものです。

第九代将軍・守邦《もりくに》親王の花押はなく、政所の職員である北条氏ふたりの花押があります。最後から二行目が第十六代執権・赤橋《あかはし》（北条）守時《もりとき》、最後の行が連署《れんしよ》（執権の補佐役）・北条茂時《しげとき》です。真の権勢者はこのふたりですらなく、北条本家（得宗）の北条高時です。

写真3　将軍家政所下文（島津家文書）

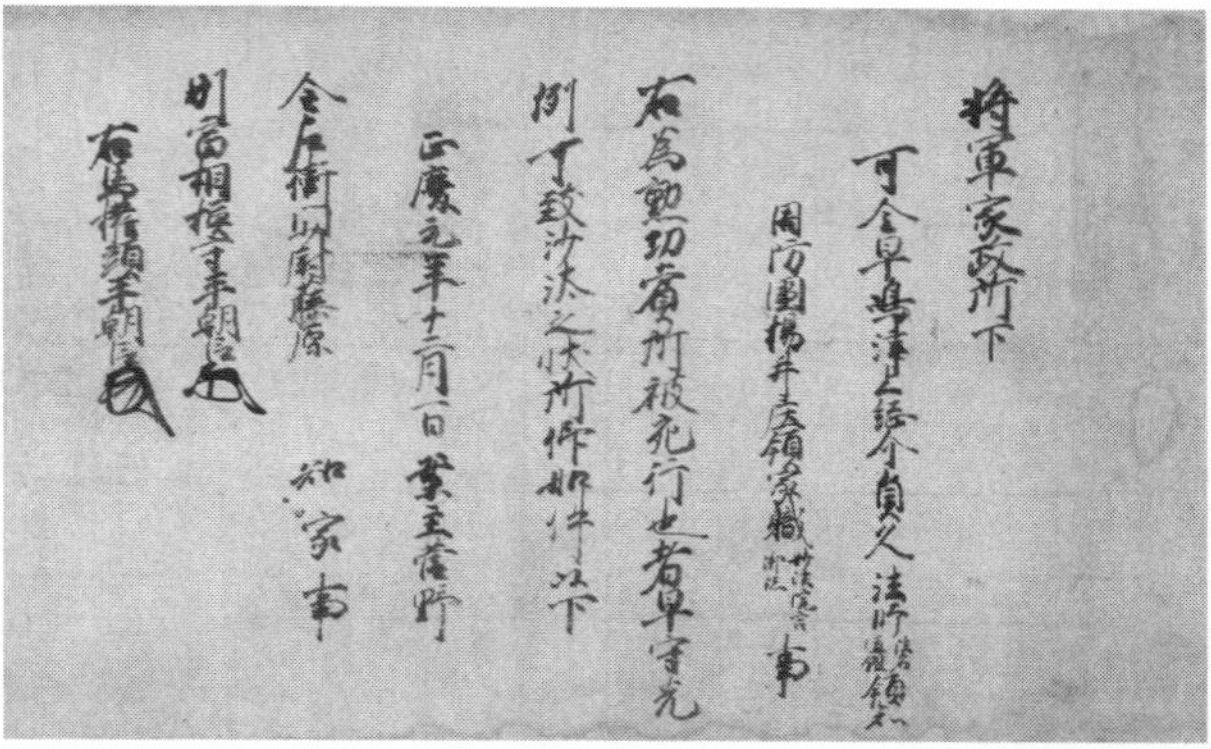

（東京大学史料編纂所 所蔵）

写真4（150ページ）が、足利尊氏の下文です。袖には尊氏の堂々たる花押があります。

次の行に「下《くだす》　佐々木《ささき》出羽《でわ》四郎兵衛尉《しろうひょうえのじょう》経《つね》氏《うじ》」、最後の行に「観応二年六月二十六日」とあるように、直義の死の一年前である一三五一年に、尊氏が近江国《おうみ》（現・滋賀県）の有力武士・朽木《くつき》経氏《つねうじ》に出した文書です。

最後から三〜二行目に「可致沙汰之状《さたいたすべきのじょう》如件《くだんのごとし》」とあり、頼朝の下文と同じ文言になっているのがわかります。尊氏はいろいろな場面で頼朝をまねているのですが、ここでも、自分は頼朝の再来であると強くアピールしているのです。

頼朝と尊氏は、将軍＝武家の棟梁として下

写真4　足利尊氏袖判下文（朽木《くつき》家古文書）

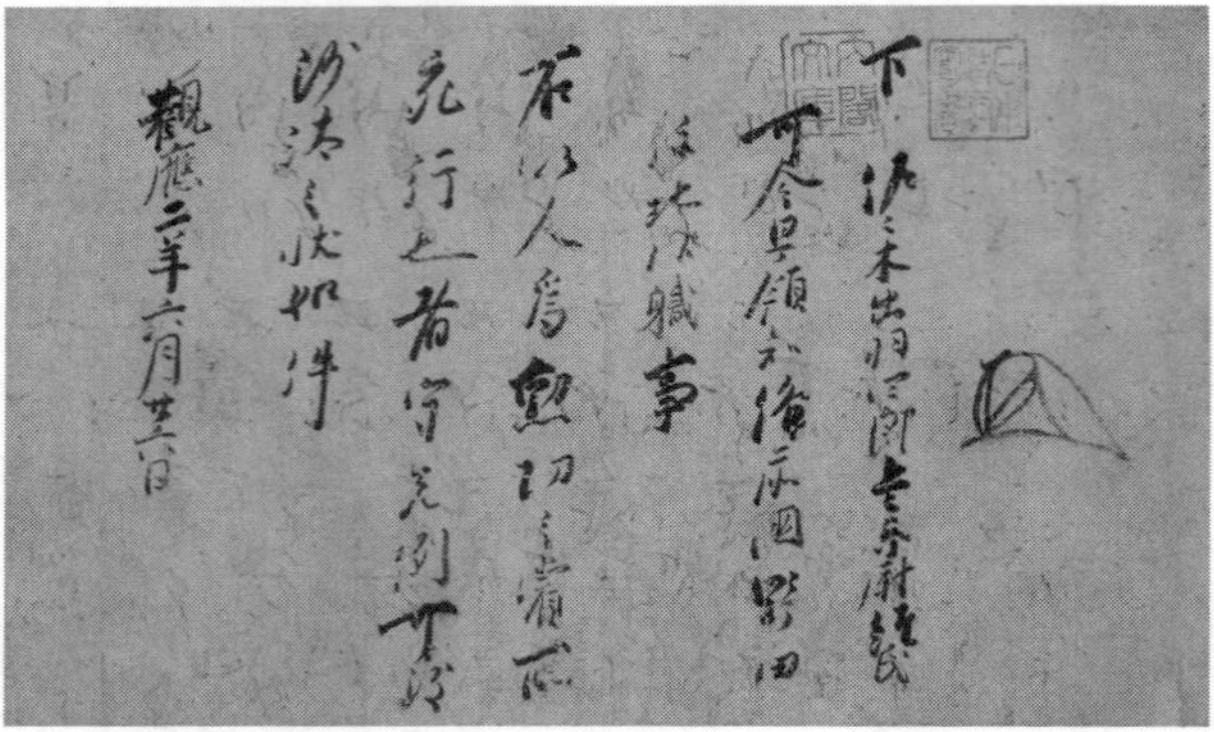

（国立公文書館 所蔵）

文を出しました。それはまさに、主従の結びつきを表現した文書です。頼朝や尊氏が主人であり、この文書によって御恩を与えられる島津忠久や朽木経氏が従者であることを示しています。

古文書を読み解く②　下《げ》知《ち》状《じょう》

下文よりも軽い事柄、たとえば土地をめぐる裁判における判決文などを記したのが、下知《げち》状《じょう》です。最後に「下《げ》知《ち》如件《くだんのごとし》」で結ばれたため、このように呼ばれます。

写真5は建長《けんちょう》二年四月二十八日ですから、鎌倉時代中期の一二五〇年に出された下知状です。

写真5　関東下知状《げちじよう》（入来院《いりきいん》家文書）

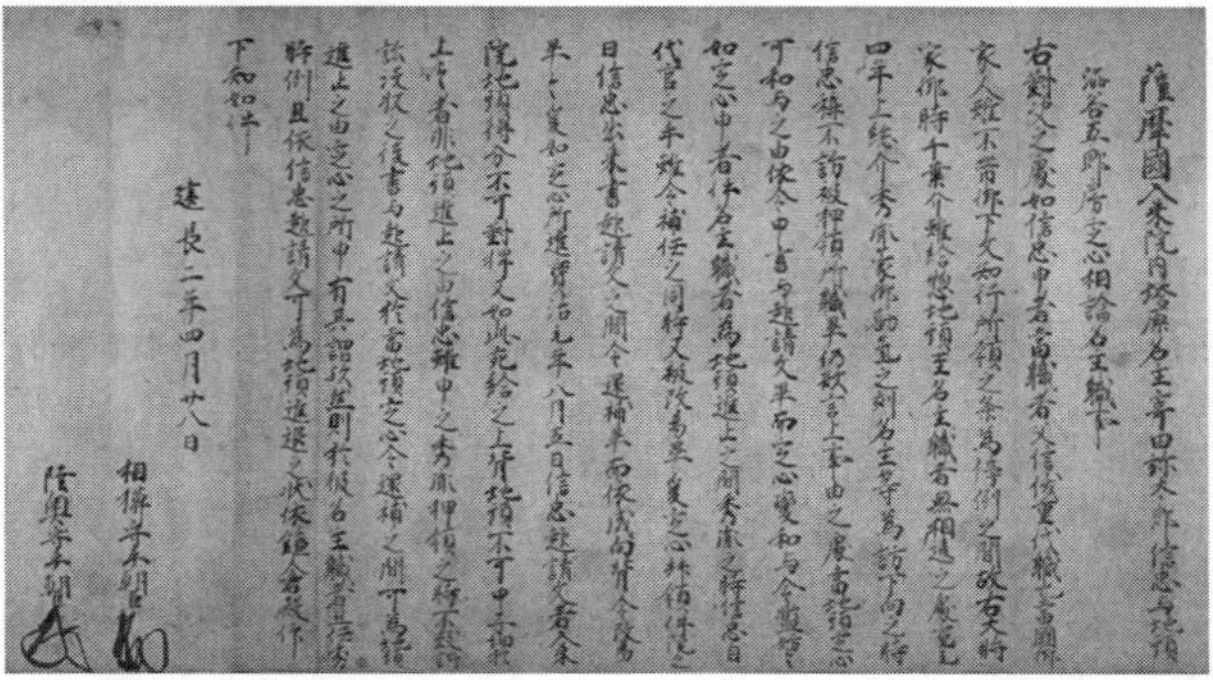

（東京大学史料編纂所 所蔵）

最後から五〜四行目に「依鎌倉殿仰《かまくらどののおおせによりて》下知《げち》如件《くだんのごとし》」とあります。「鎌倉殿がおっしゃっているので、判決はこのようなことだよ」という意味です。「鎌倉殿」とは将軍を指し、この時は第五代将軍・藤原頼嗣《よりつぐ》になります。摂関家の血を引く、いわゆる摂家《せつけ》将軍のひとりです。

鎌倉幕府の場合、下知状は下文とは異なり、将軍自ら、または将軍家政所は出しません。北条氏が出していました。最後から二行目の「相模守平朝臣《さがみのかみたいらのあそん》」は第五代執権・北条時頼《ときより》、最後の行の「陸奥守《むつのかみ》平朝臣」は連署の極楽寺《ごくらくじ》（北条）重時《しげとき》です。ふたりの連名で、下知状が出されたわけです。

このように、下知状は将軍の下知という形式

写真6　足利直義下知状（東寺《とうじ》百合《ひゃくごう》文書）

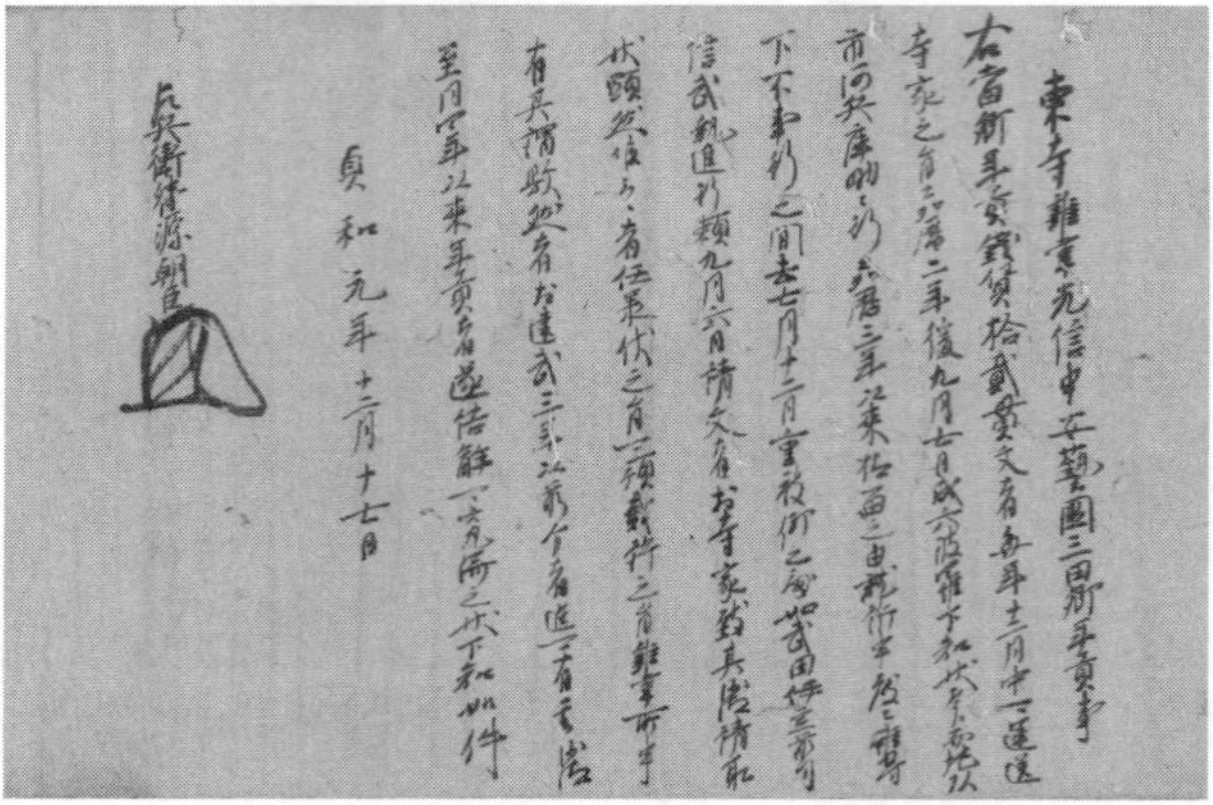

（京都府立京都学・歴彩館 所蔵）

を取っていて（実際には北条氏が作成していますが）、幕府という組織の名のもとに出すものです。ところが、ひとりだけ、個人として下知状を出した人物がいます。それが、ほかならぬ足利直義です。

写真6は「貞和《じょうわ》元年十二月十七日」ですから、観応の擾乱が始まる五年前の一三四五年に出された下知状です。

最後の行の「左兵衛督《さひょうえのかみ》源《みなもとの》朝臣《あそん》」は直義のことで、その下にあるのが直義の花押です。しかし、どこにも将軍の名前がありません。つまり、直義が直接、下知をしている。直義の地位がそれだけ特別だったことを示しています。

写真7 足利直義袖判下知状

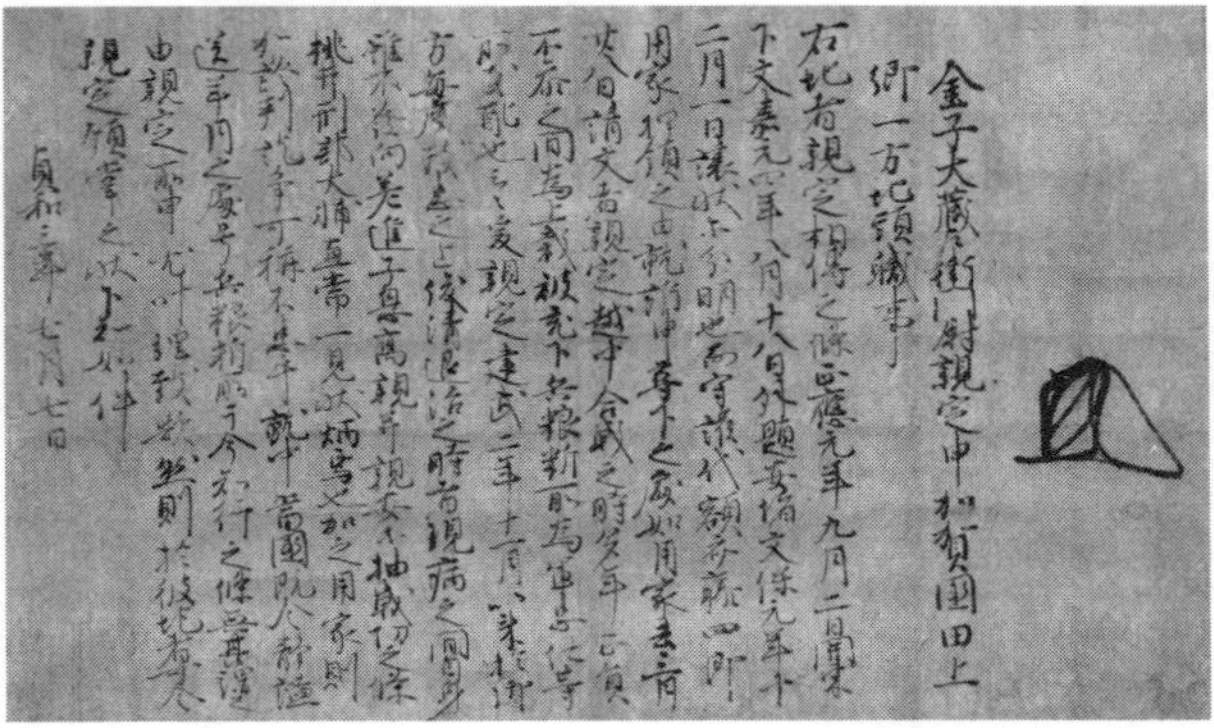

（石川県立歴史博物館 所蔵）

写真7も直義の下知状ですが、直義の花押が最初の行、すなわち袖にあります。花押の位置は、奥よりも袖にあるほうが尊大、つまり「偉く」なります。写真1の頼朝、写真4の尊氏とまったく同じです。ということは、この下知状では、直義はまさに将軍と同格になっているわけです。

将軍（個人）か、幕府（システム）か

尊氏と直義の役割をもう一度見てみましょう。

まず、尊氏が将軍だとするならば、直義が副将軍ということになります。次に、尊氏が掌握しているのが主従制的支配権、直

義が掌握しているのが統治権的支配権です。この表現を変えれば、尊氏が担当したのが軍事、直義が担当したのが政治ということになります。最後に、下文を出すのが尊氏、下知状を出すのが直義と言うこともできます。

ふたりの役割ははっきりと分かれており、文書のうえでも、花押の位置の変化でわかるように互角になっていきました。これは何をもたらすのか。

尊氏と直義は個人的には信頼し合う関係でしたが、システム的には権力がふたつに分割されているのは、きわめて不自然です。それぞれの周囲に大勢の人たちが集まってくるわけで、当然ながら権力争いが生じます。観応の擾乱を、尊氏と直義という個人の問題として論じる文献もありますが、個人レベルの問題ではないのです。

たとえば尊氏個人は、後醍醐天皇を敬愛していたかもしれません。しかし、後醍醐天皇が建武政権に武士を参加させないとなれば、武家の棟梁として後醍醐天皇と戦わざるをえません。責任ある立場を引き受けた者は、一定のバイアスで自らの行動を決めなくてはいけなくなるのです。

ですから、尊氏と直義についても、おたがいにどれだけ深く信頼していようが、システムとして戦わざるをえなくなったのです。

このように、尊氏と直義による二頭政治が立ち行かなくなり、周辺勢力を巻き込んだ争乱となったのが観応の擾乱です。そして、ふたりに分担された権力は、第二代将軍・義詮のもとで再び、ひとつになったのです。

足利直義《ただよし》の悲劇

足利尊氏という人物はスケールが大きいと言うか、とらえどころがないと言うか、なかなか評価・判断が難しいのですが、弟の直義については夢窓疎石《むそうそせき》の法話集『夢中問答集《むちゅうもんどうしゅう》』から類推することができます。

『夢中問答集』は直義の質問に疎石が答えるというスタイルになっていますが、これを読む限り、直義という人はきわめて現実的で、私たち現代人と同じような理性を備えていることがわかります。その典型例が、神仏に対する見方です。

たとえば、直義が「われわれ武士のなかには、あなたたち僧侶のすすめもあり、仏を信じている者がいます。しかし、そのような信仰心の篤《あつ》い者が、必ずしも恵まれた状況を招き寄せられるわけではない。神仏はいったい何をしているのですか」という趣旨の質問を発します。

すると、疎石は「あなたはこの世のことしか見ていませんが、神仏は前世からの因縁《いんねん》を見ています。われわれは因果律《いんがりつ》のなかに生きており、その人がどういう運命を辿るかは、この世のことだけではわからないのです」と言って、まあ何というか、合理的な見地からするとはぐらかしています。

何より現実と向き合う立場にいる直義は、この答えを聞いて「オレはそんなことを聞いているんじゃないんだけどなあ」と思ったことでしょう。

直義は、自分が政治の責任者である以上、贈答品は絶対に受け取らず、歌舞音曲《かぶおんぎょく》も近づけないという禁欲的な姿勢を貫《つらぬ》きました。ある時、直義が贈りものを受け取らないことを知っている人が、品物を直義邸の庭に投げ入れたところ、直義は誰であるかを調べさせ、相手を突き止めると、その人の屋敷まで返しに行かせました。それほどクリーンで、まじめな人だったようです。

ちなみに、尊氏の場合、贈りものをもらうと「ありがとう」と言って、屈託《くったく》なく受け取りました。ただし、もらった品物を自邸に山と積み、客人が来ると「好きなものを持っていけ」と言ったそうです。そんなところも尊氏が人に好かれた理由かもしれません。

直義は前述したように、関東で政権を運営することを主張しました。しかし、尊氏は京都を選択し、そのうえで「オレは政治は苦手だから、おまえがやれ。朝廷や寺社との折衝はおまえに任せた」と言って、直義に丸投げしました。

直義は「兄貴、だから鎌倉がいいんだよ。朝廷やお寺さんとのつきあいなんか、オレはやりたくないんだよ」と、しぶしぶ受けたのかもしれません。言ってみれば、貧乏くじを引かされたわけです。やりたくない政治を京都でやらされ、金銭的誘惑に目もくれず、歌舞音曲に現《うつつ》を抜かすことなく、まじめに政務に取り組んだにもかかわらず、信頼していた兄と争うことになる。いささか小説的ではありますが、悲劇としか言いようがありません。

幻《まぼろし》の護良親王幕府

観応の擾乱で押さえておきたいのが、悪党《あくとう》の動向です。悪党とは、幕府から御家人として認められなかった武装集団。言わば、新興武士です。社会秩序を乱す者として、幕府や荘園領主と対立したため、こう呼ばれました。

彼らが誕生した背景には、農業生産力の向上によって余剰生産物が生まれたことや、貨幣経済の進展があります。生産力が高まれば、それだけ多くの軍勢を養《やしな》えます。特に、近畿地方の生産力は関東地方に比べて高く、楠木正成や赤松則村など、多くの悪党を輩出しました。

この悪党を組織化して鎌倉幕府軍と戦ったのが、護良親王です。護良親王は建武の新政で征夷大将軍に任命されました。足利尊氏の任命の五年前のことです。そして、後醍醐天皇に陸奥《むつ》将軍府《しょうぐんふ》の設置を進言し、実現させます。

これは、東北地方・北関東を管轄する統治機関となるのですが、もしかすると、護良親王の構想は、それまでの幕府に近いものだったかもしれません。さらに言えば、自ら幕府を開き、運営しようと考えていたのではないか。

というのも、その後、護良親王は後醍醐天皇により、将軍職を解任されているからです。後醍醐天皇は、武士の政権は認めないという自分の構想と違ったため、護良親王を退けたのでしょう。

もし幕府が開かれていたら、護良親王のもとに集まっていた悪党たちは、幕府の要職に登用されていたでしょう。しかし、護良親王が失脚すると、彼らは仕えていても意味がないということで去っていきました。

では、強大な軍事力である悪党はどこに行ったのか。

尊氏の執事・高師直のもとに吸収されていったというのが、私の見立てです。師直は「バサラ大名」の代表格でした。バサラ大名とは派手な衣装をまとい、伝統的権威を無視して秩序の破壊者として振る舞う者を指します。御家人になることができず、社会のハミダシ者だった悪党たちと、その価値観が通じるところがあります。

師直が率いた軍勢は当時、最強であり、南北朝の動乱では室町幕府軍の切り札として使われました。北陸の新田義貞軍を葬《ほうむ》ったのも、京都に進軍してきた北畠顕家《あきいえ》を打ち破ったのも、彼らです。

この師直の軍勢と、観応の擾乱で戦ったのが直義です。直義は高《こう》氏一族を滅ぼすことに成功し、いったんは勝利を収めたかに見えました。しかし、守護大名たちの幅広い信望を集めるに至らず、京都から関東に下向します。

そして、観応二（一三五一）年、追いかけてきた尊氏の軍勢と戦い、薩埵山《さったやま》の戦い（現・静岡県静岡市）、早川尻《はやかわじり》の戦い（現・神奈川県小田原市）に続けて敗れると、鎌倉に逃《のが》れます。その後、急に亡くなりました。ちなみに、『太平記』では毒殺とされています。毒殺であるかはともかく、尊氏に殺されたと考えている研究者は多いです。

直義の没後も、その息子・直冬《ただふゆ》が直義党として戦い続けました。実は、直冬は尊氏の実子です。尊氏に認知してもらえなかったために、息子がいなかった直義の養子となり、育てられたといういきさつがあります。このため、直冬は直義に恩義を感じて、実の父である尊氏と戦い続けたのです。

直冬が率いた直義党の主体は、山陰の山名《やまな》氏でした。山名勢はとにかく強く、その後ずっと室町幕府の「仮想敵」となります。明治政府におけるロシアのような存在です。この山名氏については第七章で詳しく述べたいと思います。

尊氏は延文《えんぶん》三（一三五八）年に亡くなるのですが、その頃には、日本列島はほぼ室町幕府の支配下に入りました。南朝は依然として抵抗勢力でしたが、吉野の山に逼塞《ひっそく》しており、もはや幕府権力を脅《おびや》かす存在ではありませんでした。

ですから、観応の擾乱の結果、日本列島はとりあえずひとつとなり、その「ひとつの日本」を室町幕府が治めるという体制が出来上がるのです。それは、きわめて脆弱《ぜいじゃく》なものではありましたが、東国国家が解消されて幕府勢力が西国にまで広がり、日本列島全体を覆《おお》ったわけです。

第七章

明徳の乱

室町幕府vs.守護大名

明徳《めいとく》の乱は、明徳二（一三九一）年末、守護大名の山名氏清《うじきよ》・満幸《みつゆき》らが室町幕府に対して起こした反乱のことです。この明徳の乱を読み解くと、「わかりにくい」と言われている応仁の乱を簡単に理解することができます。その意味では、重要な「乱」と言えます。

第三代将軍の足利義満は、強大だった山名氏の勢力を抑《おさ》えるために山名氏一族の内紛に介入します。言わば、挑発したわけです。この挑発に対して、山名氏清・満幸らが挙兵して京都に攻め上りましたが、山名氏側の敗北で終わります。明徳の乱の前には、山名氏の領国は一一カ国におよび、全国六六カ国の六分の一だったために「六分一殿《ろくぶんのいちどの》」と呼ばれましたが、この戦いの結果、三カ国となりました。

南北朝の動乱期、守護大名のなかには強大化し、将軍家に肩を並べる経済力を持つ者も現われました。観応の擾乱では、武士たちはイデオロギーのためではなく、自らの利益のために戦ったことはすでに述べましたが、これは南北朝の動乱も同様です。

南朝についたほうがよさそうだと思えば南朝に、北朝がくれる恩賞（土地）が多ければ北朝についたわけです。昨日は南朝・今日は北朝、と主《あるじ》を替えることさえありました。

節操がないと言えばその通りですが、江戸時代のように忠義すなわち主君のため、ではなく、土地のために戦うのが中世武士ですから、当然の成り行きでもあったのです。

そうなると、南朝側も北朝側も味方を増やすために、あるいは敵を増やさないために恩賞を増やします。その結果、前述の山名氏や大内《おおうち》氏、土岐《とき》氏など強大な守護大名が出現しました。

また、御家人への軍事指揮権はあっても、家臣化できなかった鎌倉時代の守護に比べ、室町時代の守護大名は、領内の武士を家臣化しただけでなく、徴税権なども握ったため、農業生産力の向上とも相俟《あいま》って、はるかに大きな力を持ったのです。

このように強大化した守護大名の力への対処、つまり彼らの力を削《そ》いでいくことが、室町幕府の政策となり、そのことが明徳の乱の背景にありました。

室町幕府は明徳の乱の一年前、明徳元（一三九〇）年の時点で、三管領四職《さんかんれいししき》の体制を整えていました。

管領とは、将軍を補佐して政務を統括する職のことで、足利氏の一族である細川《ほそかわ》氏・斯《し》波《ば》氏・畠山《はたけやま》氏の三家が持ち回りで務めたために、「三管領」と呼ばれました。次いで要職だったのが、武士を統率し、京都の警備・訴訟を担った侍所《さむらいどころ》です。その長官である所司《しょし》になれるのが赤松氏・一色《いっしき》氏・山名氏・京極《きょうごく》氏・土岐氏です。このうち土岐氏が途中からはずされて四家となったので「四職」と呼ばれました。

――と、ここまでは教科書的に説明してきましたが、はたして、当時の幕府の内実《ないじつ》はどうだったのか。実はそのキーマンこそ、一般的には無名ながら、私が室町幕府の骨組みを作った最大のプランナーと考える細川頼之《よりゆき》です。

その頼之を語る前に、乱の張本人である山名氏から説明していきます。

なぜ山名氏は強かったのか

鎌倉幕府では、足利氏が非常に高く評価されるいっぽう、同族である新田氏はまったく評価されませんでした。なぜなら、足利氏は早くから源頼朝に従ったのに、新田氏は敵対してしまったからです。山名氏は、その新田氏の一門です。現在の群馬県高崎《たかさき》市に「山名」という地名があり、その周辺が発祥の地とされています。そして、山名氏は生き残るために、早くから足利氏に擦《す》り寄っていました。

足利尊氏は建武四（一三三七）年、山名時氏《ときうじ》を伯耆国《ほうき》（現・鳥取県中西部）守護に命じます。中国地方で勢力を張っていた、後醍醐天皇側の名和長年の勢力を駆逐するためでした。当時、このようにして守護に任命された武士たちが日本の各地に散らばりました。足利将軍家の代理として派遣されたわけです。

しかし、なかには、無能で任国の武士たちをまとめ上げることができない者もいました。その場合は更迭《こうてつ》され、新しい人が送り込まれたのです。

こうした守護のなかで、時氏は相当に優秀だったらしく、任国の武士を掌握して山陰地方に勢力圏を拡大していきました。そして、観応の擾乱が起きると、一貫して直義党に属し、直義の死後は直冬を担いで、京都に攻め寄せる軍事行動を繰り返したのです。

なぜ、山名氏はそれほど強かったのか。

理由のひとつは、経済力です。当時は日本海交易が盛《さか》んだったため、山名氏の所領があった山陰・北陸地方は非常に豊かな国が多かったのです。たとえば、良港である美保関《みほのせき》（現・島根県松江市《まつえ》）などは、のちの時代の収支決算を示す文書が残っていますが、莫大《ばくだい》な金が落ちていることがわかります。

日本海交易による豊かさを示す例としては、越中国《えっちゅう》（現・富山県）の桃井氏《もものい》が、経済力を背景に何度も京都に攻め寄せていることが挙げられます。桃井氏も、山名氏と同様に一貫して直義党でした。

戦国時代で言えば、上杉謙信は、武田信玄に比べて領国経営に優れていなかったと思われますが、謙信が亡くなった時、上杉家の蔵には金銀があふれていたと言います。おそらく直江津《なおえつ》での日本海交易の果実だったのでしょう。稼《かせ》ぎ頭《がしら》は青苧《あおそ》です。麻《あさ》や木綿《もめん》に代わる着物の素材で、京都で売り捌《さば》いた結果、莫大な富がもたらされたのです。

また、エビデンスはないのですが、山陰地方は古代より製鉄技術が発達しており、その鉄が強さの源泉だった可能性もあります。

モンゴル帝国を建国したチンギス・ハンの幼名はテムジン（鉄木真）ですが、これは「鉄」を意味するとされています。モンゴル軍は良質な鉄を手に入れたため、世界を席巻しましたが、山名氏も鉄によって力を得たのかもしれません。

赤松氏と細川氏の共同作戦

その山名氏が京都に攻めてきた際、迎え討って京都を守る。つまり防波堤とされたのが、播磨国《はりま》（現・兵庫県南西部）と備前国《びぜん》（現・岡山県南東部、香川県一部）の守護を任されていた赤松氏です。備中国《びっちゅう》（現・岡山県西部）の守護・細川氏も同様で、赤松氏と細川氏は共同作戦を取りながら、防衛にあたったのです。

しかし、山名氏の軍勢のほうが圧倒的に強く、まったく敵《かな》いません。蹴散《けち》らされるばかりでしたが、それでも赤松氏と細川氏はスクラムを組んで立ち向かったのです。

この共同作戦には前例がありました。足利尊氏が新田義貞を追って東から京都に進軍した時のこと、尊氏は赤松氏に同時に西から京都を攻めるように指示をしました。さらに、細川定禅《じょうぜん》を四国に派遣して、細川氏が四国勢をまとめて京都に上るように指令を飛ばしています。赤松氏と細川氏が軌《き》を一《いつ》にして、京都に攻め上る共同作戦です。この作戦が功《こう》を奏《そう》して、尊氏が入京する前に赤松・細川両軍が京都に入ることに成功しています。

このケースだけでなく、赤松氏と細川氏は常に一緒に行動していることに気づいたので調べてみたところ、おもしろいことがわかりました。

室町時代には、国ごとに置かれた守護のほかに、郡単位で設置された分郡守護《ぶんぐんしゅご》という職がありました。たとえば、摂津国《せっつのくに》（現・大阪府北中部、兵庫県南東部）には守護がいますが、国内の西成郡《にしなりぐん》では違う人が守護をしていました。西成郡はのちに大坂城が作られる要地です。この西成郡の分郡守護の任命を見ると、赤松氏が守護になると次が細川氏で、その次が赤松氏というように、赤松氏と細川氏が代《か》わる代《が》わる任命されていたのです。

両者が交代で任命されている理由は、ふたつしか考えられません。両者が激しく争っているか、とても仲良しか。この場合は後者です。

さらに、赤松氏と細川氏は、いつも同じ和歌の会に参加していました。この会には、公家の広橋家《ひろはしけ》なども加わっているのですが、広橋家は将軍家と関係が深いことで知られています。このようにして浮かび上がってきたのが、強大な山名氏vs.赤松氏・細川氏という構図です。

山名グループvs.細川グループ

貞治《じょうじ》五（一三六六）年、幕府内で「貞治の変」と呼ばれる政変が起こります。この時に失脚したのが執事（のちの管領）の斯波義将《よしゆき》と父・高経《たかつね》で、反斯波派が佐々木導誉と赤松氏でした。導誉は、足利高氏の一回目の反乱（124〜125ページ）の最初期にかけつけた武将です。佐々木氏の支流が導誉の京極家で、京極と赤松は密接な関係にありました。

この時、導誉が幕政に連れてきたのが細川頼之です。頼之は、細川氏の支流の出身でしたが、政争によって嫡流の清氏《きようじ》を討ち、嫡流（のちの京兆家《けいちようけ》）となっていました。ここで、さきほどの構図は、山名氏・斯波氏vs.赤松氏・細川氏・京極氏（佐々木氏）へと変化します。

失脚させられた義将は、越前国《えちぜん》（現・福井県東部）の守護をしていました。境《さかい》を接する若狭国《わかさ》（現・福井県南西部）の守護をしていたのが、一色氏です。戦国時代もそうですが、隣国の大名はたいていい仲が悪い。しかも、斯波氏の領国・尾張国内の二郡（知多《ちた》、海東《かいとう》）の分郡守護を、一色氏が務めたこともありました。

一色氏は格の高い家で九州探題《きゆうしゆうたんだい》（幕府が置いた九州地域を統括する機関のトップ）をしていましたが、あまり功績を残せないまま京都に戻ります。その一色氏を起用したのが、細川頼之です。斯波氏の牽制を目論《もくろ》んだのではないでしょうか。

こうして、山名氏（四職）・斯波氏（三管領）vs.細川氏（三管領）・赤松氏（四職）・京極氏（四職）・一色氏（四職）という構図が出来上がります。畠山氏（三管領）以外の三管領四職がすべて入っています。

頼之は導誉と赤松氏の推薦で管領となり、赤松氏・京極氏・一色氏らに支えられて政権運営を進めました。

いっぽう、失脚させられた義将は、頼之の政敵となります。斯波氏は足利氏の親戚にあたる名門です。細川氏も足利氏の支流ですが、足利氏との血縁的距離は遠く、鎌倉時代から足利氏の家来の扱いを受けていました。ですから、斯波氏にしてみれば、細川氏のような小物が政治的に大きな役割を担っていることが気に入らないわけです。

やがて、斯波氏・山名氏を中心にした反細川勢力が燎原《りようげん》の火のように広がり、康暦《こうりやく》元（一三七九）年、頼之が失脚しました。「康暦の政変」です。代わって管領に就任したのが義将です。復権したわけです。

頼之は領国である四国に戻りますが、細川氏一族の結束を固めて力を蓄えます。そして、第三代将軍・義満に招かれて、政界に復帰するのです。

再び実権を握った頼之は、強大な守護大名および自分を失脚に追い込んだ政敵を次々と粛清《しゅくせい》していきます。まずは明徳元（一三九〇）年に土岐康行《やすゆき》を討ちます（土岐康行の乱）。その結果、康行が守護をしていた三国（美濃国・尾張国・伊勢国）は、最終的に伊勢国のみになりました。

次の標的は山名氏です。観応の擾乱で一貫して直義党だった山名氏は、山陰地方で領国を広げたあと、その勢力を温存したまま幕府に帰順しました。しかし、時氏という優秀な人物が亡くなると、一族でばらばらに領国を支配するようになります。本家を確立していなかったため、本家争いが起きました。そこに介入したのが、明徳二（一三九一）年に起きた明徳の乱だったのです。

山名氏の軍勢は強力だったため、幕府軍は苦戦を強いられましたが、最後は氏清を討ち取り、かろうじて勝利を収めました。

室町幕府を作った影の男

ここからは、教科書にもほとんど掲載されていない細川頼之という人物を探っていきます。頼之は第二代将軍・義詮の命を受けて、春王《はる》（のちの第三代将軍・義満）の後見人をしていましたが、実態は親代わりでした。たとえば、元服式で行なわれる重要な役割は、すべて細川氏が引き受けていました。つまり、細川氏が義満を丸抱えで育てていたわけです。

そして、義満が第三代将軍に就任後は、頼之が義満を担いで室町幕府を運営していきました。その実態を知った時、これまで義満の思想・政策と認識してきたことが、実は頼之の考えであり政策だったことに気づいたわけです。

管領として将軍を補佐していた頼之が室町幕府のあり方を決めた、幕府の最大のプランナーは頼之であるというのが、私の仮説です。

室町幕府について考える時、エポックとなるのが、明徳二（一三九一）～同四（一三九三）年の三年間です。この期間に、その後の室町幕府のあり方を決める重要な政策が次々に実行され、そのすべてに頼之がかかわっています。

ひとつ目が、明徳二（一三九一）年に起きた明徳の乱です。全国の六分の一の領国を有し、室町幕府の仮想敵であり、最大の脅威でもあった山名氏の勢力を減殺《げんさい》しました。

ふたつ目が、南北朝の合一《ごういつ》です。合一というよりは、南朝が北朝に降伏したというのが実態でした。明徳三（一三九二）年、南朝の後亀山《ごかめやま》天皇が吉野から京都に戻り、北朝の後小松《ごこまつ》天皇に皇位のしるしである三種の神器を譲渡することで、南北朝の分裂が解消しました。これは義満の仲介により実現したもので、言わば政治決着です。実際、皇位は交替で継承することが約《やく》されましたが、守られず、幕府側の北朝が継承していきました。

三つ目は、東日本を切り離したことです。貞和五（一三四九）年、尊氏の四男・基氏《もとうじ》の着任以来、鎌倉公方《かまくらくぼう》（鎌倉府の長官）は関東八カ国（37ページ）に伊豆国と甲斐《かい》国（現・山梨県）を加えた一〇カ国を管轄していました。ここに、幕府の直轄地だった陸奥国と出羽《でわ》国（現・秋田県、山形県）が加わったのが明徳三（一三九二）年、第二代鎌倉公方・氏満《うじみつ》の時です。

幕府の権力基盤を考えた時に、関東や東北まで面倒を見切れないという判断で、東日本が切り離されたのです。これは、「ひとつの日本」を目指していた尊氏の路線が改められたという意味で、大きな変化でした。

四つ目が、幕府の京都支配が徹底されたことです。九世紀に設置され、京都の治安維持や裁判を司る検非違使庁《けびいしちょう》が完全に無力化され、幕府が京都から税収を上げられるようになりました。それが土倉役《どそうやく》（金融業者・土倉に課した税）や酒屋役《さかややく》（酒造業者）であり、幕府の重要な財源となりました。明徳四（一三九三）年のことです。

頼之自身は明徳三（一三九二）年に死去しており、死後に実行されているものもありますが、計画・策定したのは頼之と見てまちがいないでしょう。

頼之の政策で、私がもっとも注目しているのが、将軍・義満による朝廷への対応です。初代将軍・尊氏、第二代将軍・義詮ともに、生前の官職は権大納言止まりでした。しかし、義満は内大臣、右大臣、左大臣を経《へ》て太政大臣となり、やがて皇位を簒奪《さんだつ》する勢いを示しました（日文研名誉教授の今谷明《いまたにあきら》さんの説。現在の学界では有力ではない）。これを最初から計画していたとするには、義満は若すぎるのです（太政大臣の就任時ですら三〇代半ば）。

ということは、頼之が立案して始めたのではないか。義満は、頼之が敷いた路線に乗って武家と公家ともに頂点をきわめ、やがては朝廷を飲み込んだ室町王権を作ろうとしたと私は考えています。

武人政治家

武士はどのように政治家になっていったかを探求するのが、私のライフワークのひとつです。ですから、足利直義や細川頼之には注目しています。もともと戦うしか能《のう》がなかった武士が、しだいに政治を学んでいく。そのプロセスで、注目すべき武人政治家が何人か出現しました。

たとえば、承久の乱で勝利した、鎌倉幕府の第二代執権・北条義時の子である泰時は、御成敗式目を作って法による政治を行ないました。

その泰時の弟・重時は浄土《じょうど》宗に帰依《きえ》し、仏《ほとけ》の前ではみな平等であるという思想を学びます。当時、民（農民）から収奪した農作物や金で、神仏に供物《くもつ》を捧げることが行なわれていたのですが、それでは神仏は喜ばないという考え方を示しています。その婿《むこ》である時《とき》頼《より》は「民を愛しなさい」という撫民政治をスローガンに掲《かか》げました。

霜月騒動で倒れた安達泰盛も、全国の武士を統合して、日本全国の政治に幕府が責任を持つことを主張しました。

室町幕府の足利直義は、日本全国を対象とした政治を行ないましたが、北条重時と同じように現実的な政治を志向しました。

そして細川頼之です。頼之は、日本全国をひとつにまとめるのではなく、東日本を切り離して、ミニマムな形で幕府を運営していくという現実路線を敷きました。これは、明徳の乱で山名氏を潰したことによって、はじめて可能になった政治改革だったと言うこともできます。

応永《おうえい》の乱

土岐氏、山名氏の次に狙われたのが、大内氏です。

観応の擾乱の際、直義党だった大内氏は、山名氏と相前後《あいぜんご》して幕府に帰順します。大内家の第二十五代当主・義弘《よしひろ》は周防《すおう》国（現・山口県東部）、長門《ながと》国（現・山口県西部）、石見《いわみ》国（島根県西部）など六カ国の守護であり、領国内の博多《はかた》（現・福岡県福岡市）を通じて日《にっ》朝《ちょう》・日明《にちみん》貿易の利を独占していました。

頼之はすでに亡くなっていましたが、将軍・義満は頼之路線を踏襲し、大内氏を潰しました。これが、応永《おうえい》六（一三九九）年に起きた応永の乱です。義弘は堺《さかい》（現・大阪府堺市）

で挙兵、幕府軍と戦って敗死しました。大内氏の領国は周防国、長門国の二国に減らされます。

結局、反細川陣営の有力な守護大名・土岐氏、山名氏、大内氏はすべて潰されたわけです。しかし、なぜ彼らを滅ぼすところまでやり切らなかったのか。

もし彼らを滅ぼすと、ほかの守護大名たちに「次は自分がやられるかもしれない」という疑心暗鬼《ぎしんあんき》を生じさせ、立ち上がる危険性がありました。それだけ、室町幕府および将軍の力が強くなかったということでしょう。ちなみに、大内氏から取り上げた領国は幕府直轄地にするのではなく、守護大名に分配されています。

いっぽう、室町幕府は自らの力を強化するため、奉公衆《ほうこうしゅう》という直轄軍を編成しました。奉公衆となったのは、守護大名にはなれない全国の有力武士たちです。五番編成で兵は約三〇〇〇人を擁し、京都に常駐しました。将軍の命令ひとつで動かせる兵力としては画期的と言えます。

応永の乱の結果、何がもたらされたのか。

明徳の乱の前、山名氏が持っていた利権のひとつが、貿易港として栄えた堺です。しかし、明徳の乱で山名氏が敗北すると、大内氏に移りました。そして応永の乱の結果、大内氏に代わって堺の支配権を握ったのが細川氏です。

堺を手に入れることは、瀬戸内海の交易権を手に入れることを意味します。瀬戸内海交易は当時の日本列島の大動脈であり、日本海交易と並ぶ莫大な富をもたらしました。具体的には、堺を出た船は瀬戸内海を航行して博多に着き、博多を通じて中国大陸や朝鮮半島、琉球《りゅうきゅう》、フィリピン、ベトナムと交易していたわけです。

このののち、堺を支配する細川氏と博多を支配する大内氏の対立は、大永《たいえい》三（一五二三）年に中国で激突した寧波《ニンポー》の乱へと至ります。

応永十五（一四〇八）年に義満が死去すると、朝廷は義満に「太上法皇《だいじょうほうおう》」の称号を贈ることを申し出ますが、第四代将軍・義持《よしもち》は断《ことわ》ります。太上法皇とは、太上天皇すなわち上皇が出家したあとの尊称です。通常、上皇以外に贈られることはありません。

では、なぜ義持は断ったのか。

当時、義持の背後にいたのが斯波義将です。義将は頼之が死去すると、幕政に復帰。その翌年には、管領にも復帰しています。おそらく頼之路線であれば、ありがたく頂戴したはずですが、反細川氏である義将によって幕府の方針が大きく変えられていました。

義持は将軍に就任すると、父・義満の政策を次々に引っくり返していきました。その背後には義将の思惑があったのです。

第八章

応仁の乱

本郷和人の新説

近年の日本史ブームの火つけ役となったのが、日文研助教の呉座勇一《ござゆういち》さんの著書『応仁の乱』（中公新書）です。「英雄なき時代の『リアル』」という、オビのキャッチ・コピーが印象的で、歴史書としては異例の五〇万部近いベストセラーになりました。

応仁の乱は応仁元（一四六七）年から、文明《ぶんめい》九（一四七七）年まで一一年間にわたって続いた大乱です。教科書では、管領である畠山氏・斯波氏の家督争いと、足利将軍家の家督争いに、細川勝元《かつもと》と山名持豊《もちとよ》（宗全《そうぜん》）が介入して起こった戦いと説明されています。

将軍家の家督争いとは、第八代将軍・足利義政《よしまさ》が弟・義視《よしみ》を後継者に決めた翌年に、妻・日野富子《ひのとみこ》との間に義尚《よしひさ》が生まれたため、義視派と義尚派に分かれて争ったことを指します。

その「高い知名度とは対照的に、実態は十分知られていない」として、自説を展開したのが呉座さんの『応仁の乱』でした。

同書によれば、「その本質は二つの大名連合の激突」であり、「室町幕府の政治体制そのものに原因がある」としています。そして、「新興勢力山名氏が覇権勢力細川氏に挑戦するという形で」起きたが、「細川氏と山名氏の対立を過度に強調するのは誤り」であり、「宿命的なものと見るべきではない」と述べています。

しかし、私は教科書の説明とも、呉座さんの主張とも違う見解を持っています。

結論を先に述べれば、応仁の乱とは室町幕府内の長きにわたる政治抗争の結末にほかなりません。ですから、それは「宿命的なもの」だったのです。細川氏が率いる東軍と山名氏が率いる西軍は幕府の主導権をめぐって戦った。他の要素は、従属的なものにすぎない。これが、私の説です。第七章で述べた土岐康行の乱、明徳の乱、応永の乱の時とほぼ同じ構図を引きずり、負け組（山名氏・大内氏・土岐氏）が勝ち組（細川氏・赤松氏・京極氏）に再び挑んだリベンジの戦いと見ています。

教科書の説明は逆⁉

教科書では、応仁の乱が起きたために足利将軍家が没落したと書かれていますが、これは順序が逆です。足利将軍家の権威・権力が失墜《しっつい》したから、応仁の乱が起きたのです。

第六代将軍・足利義教《よしのり》は、将軍の力を高めるために、有力な守護大名の力を削ぐことに力を入れました。永享《えいきょう》十二（一四四〇）年、四カ国を領していた一色義貫《よしつら》を殺害します。さらに同年同月、土岐持頼《もちより》を謀殺します。

山名氏については、家督争いに無理矢理介入しました。四カ国の守護だった時熙《ときひろ》の子である持熙《もちひろ》（兄）と宗全（弟）が争い、宗全が家督を継ぐことになりました。このため、宗全は自分を取り立ててくれた義教に恩義を感じ、忠節を尽くすわけです。

続いて、斯波氏、畠山氏、赤松氏の家督争いにも介入していきます。その結果、起こったのが嘉吉《かきつ》の変です。嘉吉元（一四四一）年、義教は播磨国・備前国・美作国《みまさか》（現・岡山県北東部）の守護である赤松満祐《みつすけ》の自邸に招かれたところを謀殺されました。幕府のトップであり、武家の棟梁である将軍を、一《いち》守護大名が弑逆《しいぎゃく》（臣下や子が主君・親を殺すこと）したわけで、以降、将軍の権威は大きく揺らぐことになります。

義教が殺された時、細川氏が同じグループである赤松氏を討つことに二《に》の足《あし》を踏んだこともあり、幕府の対応は後《おく》れました。この時、チャンス到来とばかりに、赤松討伐に全力を尽くしたのが山名氏です。

宗全は軍勢を率いると、ほぼ独力で赤松氏を討伐しました。この功績によって、山名氏は完全に勢力を復活させます。四カ国まで減っていた領国は一〇カ国となり、細川氏の九カ国を上回り、幕府内での発言力を強めていったのです。

三管領の動向

第七章で触れた通り、室町幕府の三管領は細川氏、斯波氏、畠山氏です。応仁の乱が起こる前、力を持っていたのが畠山氏です。

第四代将軍・義持、第五代将軍・義量《よしかず》、第六代将軍・義教と三代にわたり、管領として仕えた畠山満家《みついえ》は、管領辞任後も幕府の宿老《しゅくろう》として政治的発言力を持っていました。山名宗全の父である山名時熙も同時期に宿老を務めており、畠山氏は山名氏と良好な関係を保っていたと考えられます。

いっぽう、細川氏はともに将軍家を補佐してきた赤松氏が謀反人となったため、政治的発言権が相対的に下落しました。細川氏は第七章で述べたように、頼之の時代に足利将軍家と強いつながりを持っていました。第三代将軍・義満の頃です。

しかし、畠山氏が宿老として君臨した、第四代将軍・義持の時代（義持は父・義満の政策をすべて否定した）には冷《ひ》や飯《めし》を食わされます。また、第六代将軍・義教がくじ引きで選ばれた時も、山名時熙・畠山満家・三宝院満済《さんぽういんまんさい》（後述）らがグルになって八百長《やおちょう》を仕組んだ可能性が高いと考えられます。そうだとすれば、義教の時代も冷遇されていたことになります。

ただし、この時期の細川氏の勢力について、これまで見落とされてきた点をここで指摘しておきたいと思います。

室町幕府の政治状況を語る時の必読書とも言えるのが、三宝院満済の日記『満済准后日記《まんさいじゅごうにっき》』で、中世史研究者はみな、ここから政治状況の分析をしています。

満済は、義満・義持・義教と歴代の将軍に仕えて「黒衣の宰相」と呼ばれた僧侶で、太皇太后《たいこうたいごう》・皇太后・皇后に準じる称号の「准后《じゅごう》」を得ましたが、畠山氏・山名氏と親しく、細川氏とはさほどではありませんでした。そのため、日記には畠山氏・山名氏の動向については よく出てきますが、細川氏についてはあまり出てきません。

ということは、これまで、細川氏の分析が疎《おろそ》かになってきた可能性があります。満済の日記では存在感が薄《うす》くても、細川氏の実力は幕府随一《ずいいち》であり、隠然《いんぜん》とした力を維持していたと私は考えているのです。その力の背景には、第七章で述べた、瀬戸内海における交易がありました。

最後に、斯波氏の動向ですが、第四代将軍・義持を補佐したのが斯波義将でした。その斯波氏が没落するところから、応仁の乱へと歴史が動いていきます。では、なぜ斯波氏は没落したのか。

当時の日本で東国と西国を分ける境は、越前国・美濃国・尾張国のラインでした。斯波氏の領国は越前国・尾張国・遠江国ですから、そのうち二国がライン上にあります。さらに、美濃国の守護である土岐氏は、斯波氏と良好関係にあり、時に二人三脚で動いてきました。斯波氏グループの一員と言ってもいいでしょう。ということは、斯波氏は「ひとつの日本」の東西をつなぐ結節点を押さえていたわけです。

ところが、第七章で見たように明徳三（一三九二）年に第三代将軍・義満と細川頼之が東国を切り離す政策を取ったため、東西の結節点としての斯波氏の領国の価値はガクッと下がってしまったのです。つまり、幕府が西日本中心に舵を切ったことが、斯波氏衰退の背景にあると私は考えています。

このようなマクロな理由だけでなく、義将のあと、斯波氏に優秀な人物が出てこなかったことも、斯波氏衰退の理由であることはまちがいありません。

畠山一家の乱

こうしたなか、山名宗全とともに幕府内で力を持ったのが、畠山満家の息子で管領を務めた持国《もちくに》です。持国は、畠山氏の全盛時代を築いた人物と言ってよいでしょう。その持国の家督相続をめぐり、畠山氏が真っ二つに割れるのです。

持国の息子が義就《よしひろ》。義就は持国の実子ですから、家督を継いでも何ら問題ないように思えます。しかし、どうやら義就の母親は遊女だったらしく、父親である持国は、彼を自分の子どもと信じることができなかったようです。それで、義就は出家させる予定にして、甥の政長《まさなが》を後継者に指名しました。

ところが、義就が成長すると、今度は自分の子どもと確信するようになり、義就の出家を取りやめて呼び戻します。ここから、義就と政長の間で血みどろの家督争いが始まるのです。この畠山氏の家督争いが、応仁の乱の引き金になったところから、当時の人たちは応仁の乱を「畠山一家の乱」と呼ぶこともありました。

前述のように、教科書では、斯波氏の家督争いや将軍家の家督争いも応仁の乱を引き起こした原因となっていますが、この畠山氏の家督争いが大きかったのです。

というのも、この時期、将軍家や斯波氏の権威・権力が低下するいっぽう、他の守護大名たちは比較的、勢力を維持しており、とりわけ、持国が政権の中枢にいた畠山氏の力は大きかったのです。

こうして、義就は政長との戦いを始めます。このため、幕府は義就が謀反人であると認定をして、討伐の命を下します。この命を受けて、守護大名たちは義就が籠《こ》もっている岳《だけ》山《やま》城（現・大阪府富田《とんだ》林《ばやし》市）に攻め寄せました。

この戦いにおいて、義就は軍事指揮官としての才能をいかんなく発揮し、幕府軍の攻撃を凌《しの》ぎ切ります。応仁の乱は全体を通じて冴《さ》えない戦いで、名将もいなければ、華々《はなばな》しく討ち死にした敗将もいませんでしたが、そのなかで唯一、戦《いくさ》上手で、時に英雄視されたのが義就でした。

この戦いぶりに目をつけたのが、山名宗全です。「こいつは使える。こいつを味方に引き入れれば、山名は躍進できる」と考えたのでしょう。宗全は幕府の方針を転換させると、一転、義就に救いの手を差し伸べます。

山名氏が畠山氏の家督争いで義就についたため、長い間対立してきた細川氏は政長につくことになりました。宗全の娘は細川勝元の妻になっていたのですが、こうした一代の姻戚関係は無視されてしまいます。

こうして、畠山一家の乱は、山名氏と細川氏が幕府の主導権をめぐって激突する戦いへと発展していくのです。そして、宗全には大内氏・土岐氏・一色氏などが加わり、勝元には従来から連係してきた赤松氏・京極氏などが加わるわけです。ここに、前述の将軍家の家督争い（義視と義尚）が絡《から》み、応仁の乱の全体構図が完成します（図表5）。

くどいようですが、すでに将軍権力が失墜していたわけですから、将軍家の家督争いは付け足しにすぎません。言わば、お御輿です。応仁の乱の原因として、将軍家の家督争いを過大評価すべきではないでしょう。

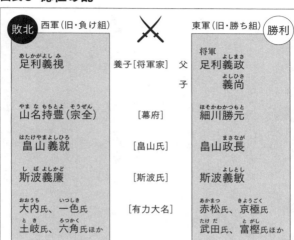

図表5　応仁の乱

敗北　西軍（旧・負け組）		東軍（旧・勝ち組）　勝利
足利義視《あしかがよしみ》	養子［将軍家］父	将軍 足利義政《よしまさ》
	子	義尚《よしひさ》
山名持豊《やまなもちとよ》（宗全《そうぜん》）	［幕府］	細川勝元《ほそかわかつもと》
畠山義就《はたけやまよしひろ》	［畠山氏］	畠山政長《まさなが》
斯波義廉《しばよしかど》	［斯波氏］	斯波義敏《よしとし》
大内《おおうち》氏、一色《いっしき》氏 土岐《とき》氏、六角《ろっかく》氏ほか	［有力大名］	赤松《あかまつ》氏、京極《きょうごく》氏 武田《たけだ》氏、富樫《とがし》氏ほか

勝ち組と負け組の戦い

応仁の乱は結局、幕府の主導権争いであり、細川勝元が率いる東軍と山名宗全が率いる西軍の戦いでした。

図表5を見ても明らかなように、明徳の乱、応永の乱の時の戦いの図式とほぼ変わらない陣容になっています。

おさらいをすると、七〇年ほど前、細川氏・赤松氏・京極氏・一色氏の細川グループと、山名氏・斯波氏・土岐氏・大内氏の山名グループが対立していましたが、足利義満と細川頼之によって、まず土岐氏が潰され（土岐康行の乱）、続いて山名氏が潰され（明徳の乱)、大内氏が潰されたのです(応永の乱)。

こうして見ると、応仁の乱での対立図式は、足利義満の時代に勝ち組だった守護大名が東軍に、負け組だった守護大名が西軍に加わっていることがわかります。

ここにあてはまらない武田《たけだ》氏について説明しましょう。

前述のように、永享十二(一四四〇)年、四カ国の守護を兼ねていた一色義貫が、その力を警戒した将軍・義教に殺害されました。この時、義教の命で義貫を討った(自害に追い込んだ)のが、武田信栄《のぶひで》です。

信栄は、武田信玄を出した甲斐国の武田氏ではなく、安芸《あき》国(現・広島県西部)で守護をしていた武田氏です。両氏は、元を辿ればルーツは同じですが、甲斐国の武田氏が嫡流で、安芸武田氏はそこから分かれた支流です。

義貫の死後、一色氏の領国はバラバラになりました。一色氏の本拠地はもともと、丹後《たんご》国(現・京都府北部)・若狭国でしたが、その若狭国に義教の命で守護として入ってきたのが信栄です。信栄は若狭武田氏の祖となりました。

若狭国は米はあまり取れませんが、大消費地である京都に物資を運ぶ要所でした。日本海交易で品物が運ばれる場合、小浜《おばま》（現・福井県小浜市）で陸揚げされ、今津《いまづ》（現・滋賀県高島市《たかしまし》）や塩津《しおつ》（現・滋賀県長浜市《ながはまし》）を通り、京都に届けられました。

このような経緯があるわけですから、一色氏と武田氏は当然、敵対関係になります。さらに、武田氏は安芸国では山名氏と敵対関係にあったので、敵の敵は味方ということで山名氏と一色氏が陣営を共《とも》にすることになったのです。

管領の斯波氏については大した活躍もしていないので、ここでは除外します。

このようにして、東軍と西軍は、第三代将軍・義満時代の勝ち組と負け組の延長上にありました。つまり、応仁の乱の本質は、室町幕府の政治的な主導権争いです。負け組となった山名グループが、「夢よ、もう一度」と、権力を握っていた勝ち組・細川グループに戦いを挑んだわけです。

こうして東軍と西軍の間で一一年間にわたって戦いが繰り広げられましたが、戦ったりやめたりの繰り返しで、両陣営が激しくぶつかり合ったわけではありませんでした。

東軍のキャプテン・細川勝元も、西軍のキャプテン・山名宗全も途中で亡くなりましたが、それでも戦乱はズルズルと続きました。そして、文明九（一四七七）年に「東軍の勝利」により、応仁の乱は幕《まく》を閉じたのです。

戦国大名になれた人・なれなかった人

一一年間にもおよぶ応仁の乱を通して、足利将軍家にまったく力がないことが白日《はくじつ》の下《もと》に晒《さら》されました。その意味では、幕府の主導権を握ろうとして戦った細川氏や山名氏の目論見は、見事にはずれたわけです。なぜなら、幕府の主導権を握り、その権威・権力をもって自らの政策を通したり、利益を拡大させたりしようとしたのに、その拠《よ》り所《どころ》となる幕府の強制力が落ちてしまったのですから。

また、守護大名たちは将軍の無力さを思い知り、「こんな京都に未練はない。もう国許《くにもと》へ帰ろう」と、地元に引き上げていきました。

室町幕府は、守護大名に対して京都常駐を義務づけていました。第七章で述べたように、幕府は明徳三（一三九二）年の時点で、鎌倉公方に関東だけでなく東北を治める役割を丸投げしています。このため、関東と東北、さらに九州探題が置かれた九州は、幕府による直接統治の対象外であり、京都で暮らす義務は課せられませんでした。

逆に言えば、応仁の乱の時に戦っていたのは、基本的に京都で暮らしていた守護大名たちの軍勢でした。その守護大名たちが応仁の乱後、将軍の命令を無視して領国に帰ったわけです。

では、地元に帰れば安泰かというと、そうではなく、自分の座るべき場所がない守護大名もいました。家来に乗っ取られる下剋上《げこくじよう》が、各地で起きていたのです。

たとえば、斯波氏は越前国と尾張国の守護を兼ねていましたが、応仁の乱後、越前国は守護代《しゆごだい》（守護に代わって領国経営を行なった代官）の朝倉《あさくら》氏に奪われ、尾張国はやはり守護代の織田氏に奪われています。

また、土岐氏の領国・美濃国では、守護代である斎藤妙椿《さいとうみようちん》が実権を握っていました。応仁の乱の末期、斎藤氏はその実力から土岐氏の代理というよりは、独立した勢力である斎藤氏として認識されていました。この妙椿が美濃国に帰る時をもって、応仁の乱が終わったとする説も唱えられるほど、重視されていました。ちなみに、妙椿の一《いち》流から斎藤姓を継いだのが、織田信長の舅《しゆうと》であり、戦国時代にその名を轟《とどろ》かせた斎藤道三《どうさん》です。

このように、京都から地元に帰った守護大名たちの多くは、戦国大名へと転身できずに没落していきました。

いっぽう、関東・東北・九州の守護大名の多くは、戦国大名に転身することに成功しています。京都に縛りつけられず、地元に張りついていたからです。

今川《いまがわ》義元で有名な今川氏は代々、駿河《するが》国（現・静岡県中部と北東部）を領国とした守護大名です。通常なら、京都常駐を求められる地域ですが、足利氏一門として「将軍家が絶えたら吉良《きら》が継ぎ、吉良が絶えれば今川が継ぐ」と言われたほど重んじられたうえに、鎌倉公方を監視する役割を命じられていたため、京都常駐を義務づけられませんでした。結果、戦国大名へと転身をはかることができました。

京都にいて幕府の政権争いに加わったために没落した守護大名、戦国大名になることに成功した守護大名、守護代など家来から成り上がった戦国大名。応仁の乱は新たな勝ち組・負け組を生んだのです。

細川政権の誕生

応仁の乱のあとの室町幕府とは何か。一言で言えば、細川政権です。具体的に言えば、細川勝元の息子・政元《まさもと》の政権です。この点からも、応仁の乱が「引き分け」ではなく、細川氏率いる東軍の勝利だったことがわかります。

応仁の乱までは斯波氏、畠山氏、細川氏が交代で管領に就くのが慣例でしたが、応仁の乱後は政元の努力もあって、細川氏だけになりました。細川氏が幕府の要職を独占したわけです。細川氏が畿内《きない》（山城国・大和国・河内《かわち》国〈現・大阪府南東部〉・和泉《いずみ》国〈現・大阪府南部〉・摂津国）を基盤とする戦国大名に転身することに成功したという言い方もできます。

しかし、政元は独身だったために実子がおらず、養子を迎えました。細川氏嫡流の血は絶えることとなります。

いっぽう、山名氏・斯波氏などのライバルたちは、かつては足利将軍家の権威・権力を背景に領国で威張《いば》っていられたわけですが、その将軍家の権威・権力が失墜したことにより、バックがなくなってしまいました。

地元で「オレは足利将軍家の代理人だぞ」と言っても、鼻も引っかけてもらえなくなったわけです。領国の経営が成り立たなくなり、前述のように、戦国大名になれずに終わった守護大名も多かったのです。逆に言えば、戦国大名たちは将軍家の威光に頼らずに自らの力で国を治める、つまり実効支配するようになりました。

応仁の乱以前、平安時代から続く荘園制のもと、耕作者、現地の荘官（下司《げし》または地頭）、荘園領主（領家《りょうけ》と本家《ほんけ》）と、重層的な土地支配が行なわれていました。逆に言えば、誰ひとりとして独占的に土地を支配していない状態が荘園制であり、「職《しき》の体系」と言われるものでした。

その体系を根本的に変えたのが戦国大名です。戦国大名は、自分が実効支配する領域において、「私が土地を支配する」ことを宣言した。言い換えれば、応仁の乱後、はじめて排他的に土地を支配するという概念が生まれ、地元密着型の戦国大名が土地の所有権を保障する形になったわけです。

これによって、天皇家や将軍家の助けを借りて、土地の領有を認めてもらう必要がなくなりました。というか、助けを求めても、助けてくれないことが十分にわかったのです。

戦前の歴史学者で京都帝国大学名誉教授の内藤湖南《ないとうこなん》さん（故人）は、次のように述べています。

大体今日の日本を知るために日本の歴史を研究するには、古代の歴史を研究する必要は殆どありませぬ、応仁の乱以後の歴史を知っておったらそれでたくさんです。それ以前の事は外国の歴史と同じくらいにしか感ぜられませぬが、応仁の乱以後はわれわれの真の身体骨肉に直接触れた歴史であって、これをほんとうに知っておれば、それで日本歴史は十分だと言っていいのであります（以下略）。

（内藤湖南著『日本文化史研究(下)』講談社学術文庫）

応仁の乱は室町幕府内の主導権争いにすぎませんでしたが、その歴史に与えた影響は甚《じん》大《だい》でした。日本を、そして日本人を変えたのですから。

第九章

本能寺の変

黒幕は存在するか

本能寺の変は天正十（一五八二）年、京都の本能寺で明智光秀が主君・織田信長を殺害した事件です。巷《ちまた》には、その背景や黒幕を探る本があふれています。「序」で触れたように、徳川家広さんは、本能寺の変を「日本史・三大どうでもいい話」のひとつに挙げましたが、私も賛成です。なぜ、これほど血眼《ちまなこ》になって黒幕探しをするのか理解できません。

結論を言えば、背景や黒幕などなく、光秀が単独で殺害したというのが、私の理解です。光秀が信長を討った事実は動かないわけですから、それで十分ではないでしょうか。

どうしても光秀の動機を考えろ、と言うなら、私は半分ジョークで「ブラック企業説」を唱えます。

転職した会社が、ワンマン社長が支配するブラック企業だった。社員は連日深夜まで、土日返上で休みなく働かされる。疲れきった社員・光秀は「いいかげんにしてくれ」と、つい衝動的に社長・信長を殺してしまったという説です。今流に言えば「てへぺろ」です。やらかしてしまった時に、「てへっ」と照れ笑いをして「ぺろっ」と舌を出す行為ですね。「オレ、頭にきてさ。つい社長をぶっ殺しちまったよ。てへぺろ」というわけです。

背景や黒幕については、天皇・朝廷が信長を討つように示唆《しさ》した朝廷黒幕説、第十五代将軍・足利義昭《よしあき》が指示した説などがあります。確かに、いかにもありそうな話ですが、実行犯である光秀は、信長を討ったあとにそのことをまったくアピールしていません。

光秀は本能寺の変のあと、中国地方から戻ってきた羽柴《はしば》（豊臣）秀吉と山崎《やまざき》の戦い（現・大阪府三島《みしま》郡島本《しまもと》町山崎、京都府乙訓《おとくに》郡大山崎《おおやまざき》町あたり）で激突しますが、その軍勢は、「主君の敵討《かたきう》ち」「謀反人・光秀を討つ」という大義名分を掲げた秀吉軍の半分にも満たないものでした。縁戚関係にあった細川氏ですら参加していません。光秀は、喉《のど》から手が出るほど、味方がほしかったはずです。

武士たちを味方につけるには、「オレは私利私欲のために動いているのではない。将軍（あるいは天皇）から命令されたことを実行しているにすぎないのだ」と説得するのが効果的です。

源頼朝は、後白河天皇の第三皇子・以仁王《もちひと》の令旨を、挙兵した根拠に使いました。足利高氏は当初、幕府から命じられた倒幕勢力の征討に向かいますが、途中で後醍醐天皇側につきます。この時、高氏は「後醍醐天皇の勅命を受けて」と内外に強調しています。細川頼之が政敵である有力守護大名を潰す際にも、室町幕府の謀反人を討つという大義名分がありました。

しかし、光秀はそのようなことをした形跡がありません。したくてもできなかったのでしょう。ということは、光秀はあくまで自分の意志で、信長を討ったと考えるのが自然です。やはり、衝動的に信長を殺してしまった可能性が高いと思います。

黒幕説をまことしやかに唱えることは、陰謀史観に陥《おちい》る危険性を孕《はら》んでおり、注意が必要です。

裏切られ続けた織田信長

私は、信長は本能寺で光秀に殺されなくても、いずれ誰かに殺されただろうと考えています。というのも、信長の一生を見ると、まさに裏切られ続けた人生だったからです。

まず、弟の信行《のぶゆき》に二回裏切られ、二回目の時にやむなく彼を刺殺しています。

次に、妹・お市《いち》の方を嫁がせ、同盟を結んでいた北近江の戦国大名・浅井長政《あざいながまさ》に裏切られます（長政は小谷《おだに》城の戦いで敗死）。

さらに、大和国の戦国大名・松永久秀《まつながひさひで》には二回裏切られ、二回目の時にも理由を聞こう、命だけでも助けようとしますが、それすら拒否されます（久秀は信貴山《しぎさん》城の戦いで自害）。

家臣の荒木村重《あらきむらしげ》に至っては、家臣として取り立てて城主に据えたにもかかわらず、裏切られています（妻子は殺されたものの、本人は生き残る）。

彼らは裏切ったけれども、信長を討ち取るほどの才覚も実行力も持ち合わせていませんでした。いっぽう、光秀は才覚も実行力も備えていたため、信長を討ち取ることができた。つまり、うまくいったか・いかなかったかという違いはあったものの、信長は常に裏切られ続けてきたわけです。

ですから、光秀が失敗したとしても、次に裏切る人間が出てきたのではないか。その人間が失敗したら、また次の人間が……と信長の命を狙う者が現われた可能性が高い。実際、信長は敵の多い武将でした。

とはいえ、信長が光秀以外の誰かに殺されたとしても、歴史は大きく動かなかったと私は考えています。おそらく、羽柴秀吉がその人物を殺して信長のあとを継ぎ、天下を取ったでしょう。

要するに、本能寺の変が歴史に与えたインパクトはあまりなかったのです。問題は、どうして信長がそこまで裏切られたのかという点です。

戦国大名の「空間」認識

なぜ、信長は裏切られ続けたのか。

この問いに対する私の答えは、信長の治める空間が広くなりすぎたから、というものです。このことを理解するには、戦国大名たちの「空間」認識を知る必要があります。

応仁の乱のあと、斯波氏の領国である越前国を奪ったのが、守護代・朝倉敏景《としかげ》です。敏景は孝景《たかかげ》とも呼ばれますが、一族に同名の者が複数いるので、混乱を避けるために敏景を使います。その敏景が子孫のために残した家訓が「朝倉敏景十七箇条《あさくらとしかげじゅうしちかじょう》（朝倉孝景条々《じょうじょう》）」です。

この家訓を読むと、きわめて合理的な内容であることがわかります。たとえば、戦いに占いを用いることをやめるよう説いています。当時、どの方角に兵を出せば勝てるか、いつ兵を出せば吉《きち》か、などを占う武将が多かったようですが、そのような占いに気を取られていては勝機を逸《いっ》すると敏景はたしなめているのです。

また、身分の高い家来の子どもだからといって、重く用いてはならない。身分よりも能力で人材を登用せよと提言しています。

そのようななかで、私が注目する一条は、「よほどのことがない限り、内政に他国の人間は使うな」という戒《いまし》めです。他国の人間は信用できないから、採用するな。大事なポストは自国人、すなわち越前人で固めることを述べているわけです。

ここには、「オレたちは越前国の人間である」という意識があります。「越前人の、越前人による、越前人のための政権」が朝倉氏であるという考え方です。

これに関連して、ひとつの学説を紹介しましょう。立教大学名誉教授の藤木久志《ふじきひさし》さんによる「上杉謙信が毎年のように関東に出兵したのは義《ぎ》のためではない」という説です。

藤木さんによれば、越後国（現・佐渡島を除く新潟県）は豪雪地帯のため、米の収穫量が乏《とぼ》しい。だから、三国峠《みくにとうげ》（現・新潟県南魚沼郡湯沢町《みなみうおぬまぐんゆざわまち》と群馬県利根郡《とねぐん》みなかみ町の境）を越えて関東に出て、腹いっぱい飯を食うために出兵していた。そして、関東に来たついでに財産を乱取《らんど》りして越後に戻っていたというわけです。

この説の当否については述べません。私が注目するのは、謙信が「上杉氏は越後国の政権である」と認識していたことです。「オレは越後の兵や民を食わせるためにがんばらないといけない」と考えたからこそ、関東に来たわけです。

朝倉氏や上杉氏に「オレたちは日本人である」という考えはありません。あるのは「オレたちは越前人として仲間である」「越後人は越後人でまとまろう」という感覚です。

第八章の終わりで述べたように、戦国大名とは中央（朝廷・幕府）の権威に頼らず、自らが実効支配した領域の政権です。越後人のために越後国を治めるのが上杉氏であり、甲斐人のために甲斐国を治めるのが武田氏であり、駿河人のために駿河国を治めるのが今川氏だったのです。

越後人も、甲斐人も、駿河人も重税を課されるのは嫌だったでしょう。ましてや、戦場に駆り出されるなどまっぴらごめんだったでしょうが、それでも「おらが国」の政権だったわけです。だから、戦国大名は時代を超えて、今でもその土地に生きる人たちの間で敬われ、愛されているのです。たとえば、山梨県人のなかには、武田信玄のことを言う時に

「信玄公《こう》」と、「公」をつけないと怒る人もいます。

その信玄には、「武田四天王」と呼ばれる家来がいました。山県昌景《やまがたまさかげ》、馬場信春《ばばのぶはる》、内藤昌秀《ないとうまさひで》、高坂昌信《こうさかまさのぶ》（春日虎綱《かすがとらつな》）の四人です。

このなかで、山県昌景は上総国を本貫《ほんがん》（出身）とする飯富《おぶ》家に生まれ、源四郎《げんしろう》を名乗っていましたが、信玄から甲斐国の名門・山県家の名跡を与えられ、山県昌景となりました。また、馬場信春は美濃国にルーツを持つ教来石《きょうらいし》氏の出身ですが、同じく甲斐国の名門・馬場家を継ぎました。つまり、他国出身ということを薄めたわけです。

このように見てくると、朝倉敏景が「他国の人間を使うな」と言ったことが理解できます。

信長が破壊した最大のもの

当時の人たちが「おらが国」と考えていた空間は越前国、甲斐国など、現在の県単位でした。その空間で、仲間たちだけで政権を作ろうとしたわけです。

この意識をぶち壊したのが、信長です。信長は他国の人間どころか、出身地さえわからない者をどんどん採用しました。

もっともわかりやすいのが秀吉で、その出自・半生は今も詳しいことはわかっていません。光秀にしても、よく言われる守護大名・土岐氏の支流である明智氏出身というのは、史料では確かめられていません。ましてや、信長の正室・濃姫《のう》と血縁、親交があったというのは、作家の司馬遼太郎さん（故人）の創作です。

信長も当初は尾張人、美濃人を中心に使っていましたが、支配圏の拡大にともない、さまざまな国の人たちを用いるようになりました。宣教師が奴隷《どれい》として献上した黒人に弥助《やすけ》という名前を与えて、家臣にすることまでしています。また、封土《ほうど》（家臣に与えた土地）を変える国替えも頻繁《ひんぱん》に行ないました。

これは、信長が時代の一歩どころか、二歩も三歩も先を行っているとも言えますが、当時の人たちの意識を無視するわけですから、大変危険なことでした。

それぞれの国の空間を超えると、どの家臣も精神的不安定に陥ります。地縁中心の人間関係を破壊するからです。「オレたちは仲間だから裏切らない」というルールを破ることでもあります。

才能ある者を登用する信長のやり方は、空間の拡大には有効でしたが、空間認識に慣れない人から裏切られるリスクをともないます。言わば、諸刃《もろは》の剣《つるぎ》です。だから、信長の人生は裏切りの連続となったわけです。

ただし、歴史の大きな流れを見ると、信長が裏切られながらも空間を拡大したことには大きな意味があります。次の秀吉の段階で日本が完全に統一され、「オレたちは日本人だ」という意識が共有される足がかりになったからです。

「信長＝イモ」説

前項で信長の先進性・特異性について述べましたが、多くの中世史研究者は「信長は多くの戦国武将のひとりにすぎない。特別視すべきではない」と主張しています。しかし、私は調べれば調べるほど、信長の特異性を感じざるをえません。

たとえば城で言えば、石垣を本格的に積んだのは信長が最初です（小牧山城《こまきやま》）。大がかりな天守閣を最初に築いたのも信長です（安土城《あづち》）。いずれも先例（順に六角《ろつかく》氏の観音寺《かんのんじ》城、松永久秀の信貴山城）はありますが、安土城に象徴されるように、防御だけでなく見せる効果も含む総合芸術として表現したのは、信長が最初と言っていいでしょう。

何よりも、軍事力で日本をひとつにまとめるという「天下布武《てんかふぶ》」の発想を、信長以外の誰が持ち、実行したでしょうか。たとえば武田信玄は、最後まで自国の領土を広げるという発想から抜け出すことができませんでした。

前述のように、人材を登用する際に実力主義にもとづいたことも同様です。日本は古来、中国大陸から先進文物《せんしんぶんぶつ》を取り入れてきましたが、試験による官吏の登用制度・科挙《かきょ》は採用しませんでした。ですから、朝廷は世襲が基本になりました。武士も同様に世襲が基本で、徳川家康も譜代《ふだい》の家臣団をずっと重用しました。

さらに、比叡山延暦寺の徹底した焼き打ちも前代未聞のことです。室町幕府の第六代将軍・足利義教や細川政元も比叡山延暦寺を焼き打ちしましたが、軍事施設に集中し、信長のような全山にわたる破壊はしていません。

大虐殺を厭《いと》わなかったのも信長だけです。もちろん戦国時代ですから、ほかの戦国大名も大量殺戮を行なっています。たとえば、武田信玄は小田井原《おたいはら》の戦いで討ち取った敵兵の首三〇〇〇（この数はオーバーだと思いますが）を並べ、降伏兵は奴隷労働者としました。

伊達政宗《だてまさむね》は、小手森城《おでもり》の戦いで女性や子どもを含む全城兵を撫で斬《なぎ》りしています。しかし、これらは例外で以降はほとんどしていません。ところが、信長は何度でも繰り返しました（その一部は第十章で後述）。

こうして挙げていくと切りがありません。どれも、信長はほかの戦国大名と違うことを示しており、普通の戦国大名であったという説には乗れません。やはり、特異な個性であったと言わざるをえないのです。

ここでひとつの例を挙げます。宮崎県串間《くしま》市の幸島《こうじま》には、今もニホンザルが生息しています。一九四八年、この島のサルを対象にした観察・研究が、京都大学名誉教授の今西錦司《いまにしきんじ》さん（故人）らによって始められました。

ある時、一匹のメスザルが川で芋《いも》を洗っていることが確認されます。それまで、近隣地域を含めてどのサルも行なわなかったことです。やがて、母ザルや兄弟に、そして周囲へと広がり、一〇〇匹を超えると爆発的に広がっていきました。最初に芋を洗ったメスザルは「イモ」と名づけられましたが、信長はこの「イモ」ではなかったか。つまり、戦国時代に突然現われた天才が、信長です。

余談ですが、幸島のサルは研究チームによって家系が作られていますが、イモは多くの子孫を残したものの、天才ザルはいませんでした。信長の家系を見ても、その後、優れた人物を輩出していません。ということは、天才は遺伝しないのかもしれません。

信長が普通の戦国大名だったと主張する研究者に問いたいのが「では、なぜ信長は戦国時代を終わらせることができたのか」、あるいは「なぜ信長が出現するまで、誰も戦国時代を終わらせることができなかったのか」です。この質問に明快に答えてくれたら自説を撤回しますが、おそらく答えられないと思います。

不安定だった織田政権

本能寺の変が起こると、信長は京都の妙覚寺《みょうかくじ》にいた嫡男・信忠《のぶただ》に使いを出し、光秀軍の襲来を知らせます。この使いこそ、前述の弥助だという説があります。弥助が到着した時、光秀軍はまだ信忠のもとに到着しておらず、彼が逃げる時間はありました。

しかし、信忠は二条御所《にじょうごしょ》（のちの二条城）で明智軍と戦い、自害します。同じ二条御所にいた信長の弟・織田長益《ながます》（有楽斎《うらくさい》）は逃げのびたにもかかわらず。

すでに信長から織田家の家督を譲られ、跡継ぎであることを認められていた信忠が生きていたらどうなったか。

この問いは、重要な問題を含んでいます。結論から言えば、信忠が仮に逃げおおせたとしても、信忠の天下はなかっただろうというのが、私の見解です。

信長の死後、信長が支配していた領域は一気に無政府状態になりました。堺にいた徳川家康は命からがら伊賀《いが》（現・三重県伊賀市）を抜けて、自領の三河に帰りました。いわゆる「神君《しんくん》伊賀越え」です。穴山梅雪《あなやまばいせつ》（武田家の遺臣。長篠の戦いの前に信長に従属）に至っては、土民に殺されています。

しかし、豊臣秀吉が亡くなった時は、このようなアナーキーな状況にはなりませんでした し、家康の時はもっと安定していました。

つまり、信長の政権とは、信長というカリスマあっての権力だったということです。信長が作り上げた政治システムは、信長ひとりが専制君主として君臨する不安定なものだったのです。

そう考えると、信忠が仮に生き残っていても、信忠自身が「オレはこんなに優れているぞ」と才覚や実力を誇示しない限り、誰もついてこなかったでしょう。たとえば、信忠が秀吉に「オレについてこい」と命じても、かえって海千山千《うみせんやません》の秀吉に討たれてしまったのではないかとさえ思うのです。

世界史を見ても、マケドニアのアレクサンドロス三世（大王）の没後、ディアドコイ（後継者）戦争が始まると、大王を支えていた将軍たちは、自分の権利を主張して戦いました。子であるアレクサンドロス四世はないがしろにされ、最後は殺されています。

織田政権がシステムとして確立していない以上、秀吉が鎌倉幕府における執権・北条氏や室町幕府における管領・細川氏のように、信長不在の織田氏を支えることはなかったでしょう。

第十章

島原の乱

キリシタン一揆ではない!?

島原《しまばら》の乱は、島原藩（藩主・松倉勝家《まつくらかついえ》）や唐津《からつ》藩（藩主・寺沢堅高《てらさわかたたか》）の圧政に苦しんだ人たちが、寛永《かんえい》十四（一六三七）年から同十五（一六三八）年にかけて起こした大規模な反乱です。最終的には、島原半島の突端にあった原《はら》城に立て籠もった一揆勢の皆殺しという惨劇で幕を閉じました。

島原の乱の本質については複数の見方があります。

ひとつ目が、キリスト教の信者であるキリシタンによる一揆。ふたつ目が、百姓一揆。三つ目が、浪人となった武士たちの反乱です。当時、九州では小西《こにし》（行長《ゆきなが》）氏、加藤（清正の子・忠広《ただひろ》）氏らの大名家が取り潰されたあとで、その遺臣たちが浪人となってくすぶっていました。

島原の乱における最後の攻撃の様子が描かれているのが、「島原の乱図屏風《びょうぶ》」です。これは、島原の乱から二〇〇年ほど経った頃、秋月《あきづき》藩の藩主・黒田長元《ながもと》の命で描かれました。秋月藩は福岡藩（藩祖・黒田長政）の支藩で、島原の乱を鎮圧する側として参陣しています。ですから、一揆勢と戦った側が一揆勢をどのように認識していたかを見ることができるわけです。

この屏風には農民の姿だけでなく、武士のような人たちも描かれ、キリシタンの旗も翻《ひるがえ》っています。いったい、どれが一揆勢の中心なのか、残念ながら読み取ることができません。ですから、キリシタン一揆か、百姓一揆か、武士の反乱かを明確にすることは困難です。

この混成状態は当時の状況を考えれば、当然かもしれません。天正十六（一五八八）年、豊臣秀吉の命により刀狩《かたながり》が行なわれます。これによって武士と農民を分ける、いわゆる兵農分離《へいのうぶんり》が行なわれたと言われてきましたし、教科書にもそう書かれています。

しかし最近、刀狩はきわめて不徹底で限定的でしかなかったとする説が出されました。この説に従えば、江戸時代にも刀や鉄砲を持つ農民がいたということになります。

私はすこし違う考えを持っています。当時の農村には、半分農民で半分武士のような人たちがおり、秀吉の時代に「武士になるか、農民のリーダーになるか」という問いかけがなされた。言い換えれば、武士たちは平将門の乱が起きた草創期から土着性、つまり土地に根差して生きてきた本性《ほんしょう》を捨てきれずに保ち続けたと見ているわけです。

本能寺の変で織田信長が倒された時、穴山梅雪が土民に殺されたことは第九章で触れました。また、山崎の戦いで敗れた明智光秀も落ちのびる途中、土民に殺されています。この土民というのが、まさに半農半武士だったのではないか。穏やかに土地を耕しているだけではなく、時に武器を持ち、隙《すき》あらば武士に襲いかかる戦闘的な性格を持つ人たちだったと考えています。

映画監督・黒澤明《くろさわあきら》さんの名作「七人の侍」は、村を襲う野武士たちに対し、村が七人の侍を傭兵として雇《やと》い、野武士と戦わせる物語ですが、なかには自分たちで武器を取り、野武士と戦う農民たちもいたと思うのです。

これも第九章で述べましたが、信長が亡くなると無政府状態に陥りました。しかし、秀吉が亡くなった時点では、そのような状況になりませんでした。刀狩がどこまで実効性をともなうかは議論がありますが、少なくとも、農民(半農半武士)が武士を殺すようなアナーキーな状況は脱していたわけです。

とはいえ、農民たちは潜在的には戦う性格を有しており、それは一朝一夕《いっちょういっせき》に変わるものではありません。それを如実に表わすのが、かつての一向一揆《いっこういっき》です。

キリスト教と一向宗の類似性

島原の乱が起きた原城跡では、今でもたくさんの骨が出てきますが、ローマ教皇庁は彼らを殉教者として認めていません。それは、彼らの宗教性に疑問符がついているからです。江戸時代の隠れキリシタンも同様です。

今後、その評価が変わる可能性がないわけではありませんが、島原の乱で原城に立て籠もった人たちの信仰は、純粋なキリスト教とは多少違っていたのかもしれません。

一揆勢がどのような精神で過酷な状況を戦い抜いたかを考えると、やはり人間を超えた何かにすがったことはまちがいないと考えます。それを一言で言えば、「神の前での平等」です。

この神の前での平等は、阿弥陀仏《あみだぶつ》の前での平等を説く一向宗（浄土真宗《じょうどしんしゅう》の異称）の教えと非常によく似ています。これは私のこじつけではなく、キリスト教の宣教師たちのレポートに出てくる見解です。

日本に来た宣教師たちは、仏教の各宗派を次のように認識していました。たとえば、禅宗については、悪魔の教えととらえていました。「無《む》」を強調する教えはニヒリズムであり（本当は、禅における「無」とは「何も無い」ということではない）、神も悪魔もないと言うのは許し難いと考えたのです。

一向宗については、キリスト教と非常に似た部分を内包しており、キリスト教を布教するうえで最大のライバル、言うならば商売敵《がたき》になると認識していました。キリスト教では、唯一の存在である神を信じて善行を積めば、神がいる天国に行くことができると説いていますが、一向宗も、一向（ひたすら）に阿弥陀仏に帰依し、「南無阿弥陀仏《なむあみだぶつ》」と唱えれば、阿弥陀仏がいる西方浄土《さいほうじようど》に往生《おうじよう》できる（行ける）と説いています。

なぜ信長は一向宗を嫌ったのか

ここで触れたいのが、織田信長と一向宗との凄惨《せいさん》な戦いです。信長は戦国時代に終止符を打とうとしたわけですが、もっとも敵視したのが一向一揆でした。

越前国の朝倉氏、越後国の上杉氏、三河国の徳川氏などの戦国大名も一向一揆と戦いましたが、彼らは一揆勢を全滅させることはなく、妥協点を見出《みいだ》しました。しかし、信長は時には虐殺も厭うことなく、討ち滅ぼしています。

元亀《げんき》元（一五七〇）年から天正二（一五七四年）の伊勢長島《いせながしま》の一向一揆では二万人、天正三（一五七五）年の越前の一向一揆では一万二〇〇〇人の一向宗徒を殺害しています。

なぜ、信長はそこまで一向一揆を毛嫌いしたのか。

それは、阿弥陀仏の前での平等を説く教えのもと、国を越えて横につながっていく一向一揆を危険と考えたからです。

一向一揆が広がったのは畿内や中部地方など、生産力が高く、農民たちが経済的に自立した地域ですが、当時の農村における人のつながりは、ピラミッド型の上意下達の関係ではありませんでした。

農村の上部には「地主《ぢしゅ》」「名主《みょうしゅ》」と呼ばれる、すでに述べた半農半武士のようなリーダー層がいて、その下には「本百姓《ほんびゃくしょう》」「脇百姓《わきびゃくしょう》」と呼ばれる自立した農民がいました。彼らは自分の土地を持ち、年貢を納める村落共同体の正式な構成員です。さらに、彼らに隷属した使用人である「下人《げにん》」もいました。

この地主・名主、本百姓・脇百姓、下人という三つの階層はそれぞれ横につながっていました。その結果、ひとりの突出したリーダーというのは、生まれにくい社会構造になっていたのです。

こうした横並びの関係は、阿弥陀仏の前での平等という構図を持つ一向宗の教えと適合的で親和性が高かったために、その教えが、自然に受け入れられたのではないかと私は考えているのです。

一向宗の側からすれば、この村落の構造は布教に好都合でした。村落のリーダーである地主・名主層を引き込めば、彼らだけでなく、その下の本百姓・脇百姓、下人の層にも浸透して、各層で信仰が広がっていくからです。

戦国時代、自立性を高めた村落共同体は「惣村《そうそん》」に発展していきました。その規模が拡大されると惣荘《そうしょう》となり、ついに国単位まで拡大した惣国《そうこく》が誕生します。たとえば、加賀《かが》国(現・石川県南部)では一向一揆によって戦国大名・富樫《とがし》氏が潰れ、一向宗が国を支配しました。

一向宗の教えは横につながり、隣の村、荘園、地域にも手を伸ばしていくため、広域な権力を作りやすい傾向にあったのです。

いっぽう、武士の社会では、ひとりの主人に複数の家来が仕え、その家来ひとりひとりにまた複数の家来が仕えるピラミッド型の縦社会を形成していました。そこでの平等はありえません。指揮官が命令を下し、それに兵が従うという構造がなければ、戦争で戦えないからです。

信長が考えていたのはそのような縦社会ですから、阿弥陀仏に絶対帰依する横社会など認めることはできません。だから、越境して広がっていく一向一揆と死闘を繰り広げ、最終的には浄土真宗の総本山・本願寺《ほんがんじ》と激突に至ったのです。

一一年にもおよんだ信長と本願寺との戦いは天正八（一五八〇）年、本願寺側の降伏で終わります。

平等を求める最後の戦い

徳川家康は慶長七（一六〇二）年、本願寺を東本願寺（真宗本廟《ほんびょう》）と西本願寺（龍谷山《りゅうこくざん》本願寺）のふたつに分けさせました。浄土真宗のトップにいる開祖・親鸞《しんらん》の血脈に連なる人たちを分断して、おたがいに争うようなしかけを作り、ひとつの大きな勢力にならないようにしたわけです。

このトップの分断だけでなく、江戸時代を迎えると、あれほど勢威を振るった一向一揆は退潮していきました。それはなぜか。

結論から言えば、人々が平等な世の中よりも、平和な世の中を求めたからだと私は考えています。

江戸時代は、言ってみれば士農工商《しのうこうしょう》の身分社会です（最近の教科書では「士農工商と呼ぶこともある」という表現にとどめています）。そこには、越えられない壁が存在しました。武士に対して無礼な振る舞いをすればひどい目に遭《あ》ったわけで、平等な社会ではありませんでしたが、少なくとも平和な世の中は実現されました。戦いだけでなく、犯罪も許さない社会になったのです。

このように平和が希求されたことの成果のひとつが、人口の爆発です。

日本列島の人口は、西暦六〇〇年の飛鳥《あすか》時代には約六〇〇万人でした。それが、江戸時代が始まる一六〇〇年には約一二〇〇万人になります。つまり、約一〇〇〇年間で二倍になったわけです。これが、江戸時代中期の一七〇〇年には、約二五〇〇万人にまで膨《ふく》らみます。約一〇〇年間で二倍以上になったわけです。

一〇〇〇年かかって倍増した人口が、十分の一の一〇〇年で倍増したのですから、それだけ平和の価値が高かった。つまり、人々は平等よりも平和を望んだのです。

では、この歴史的な流れのなかに島原の乱を置いた時、どのように位置づけることができるのでしょうか。

私の考えは、島原の乱を一向一揆と類似した一揆の形態ととらえて、「島原の乱とは平等を求める最後の戦いだった」と定義したいと思います。

島原の乱のあと、江戸幕府は圧政を布《し》いたとして、島原藩の松倉氏を改易《かいえき》（領地没収と家の断絶）、藩主・勝家を斬首にしました。ちなみに、武士の名誉を損《そこ》ねない切腹と、罪人と同じ扱いである斬首には、大きな隔《へだ》たりがあります。実際、江戸時代を通じて大名の斬首はこの一例のみでした。同様に、唐津藩の藩主・寺沢堅高も領地を没収され、のち自害しています。

幕府が正式に認めているように、彼らが領民に対して厳しく税を取り立てたり、キリシタンの弾圧・拷問《ごうもん》を行なったりしたことはまちがいありません。

それに対して、広範な連合体が生まれ、人々は平等を求めて死を覚悟して戦ったのではないかと私は考えています。その意味では、一揆の大義名分は、神の前の平等を説くキリスト教そのものだったと言えるかもしれません。

皆殺し

島原の乱に加わった一揆勢は約二万人もいました。そのうち成人男性が約五〇〇〇人で、女性や子どもなど非戦闘員は約一万五〇〇〇人です。幕府側の記録には、約三万七〇〇〇人とありますが、私は、多すぎると見ています。

また、鉄砲がおよそ六〇〇丁あったと言われていますが、おそらく農民や浪人が隠し持っていたものでしょう。前述のように、兵農分離が徹底されていなかったことを示しています。

この二万人が、寛永十四（一六三七）年十月二十五日から翌年二月二十八日までの約四カ月間、一二万人を超える幕府軍と戦ったのです。

長期戦となった理由としては、一揆勢の士気が高く、死をも恐れなかったのに対し、幕府軍は幕府に命じられた九州の大名たちで構成されており、相手が一揆勢であることから恩賞も期待できず、士気が上がらなかったからです。

また、一揆勢の浪人たちの多くは再就職の可能性も低く、戦って死ぬことを考えて加わっていた人も多かったと推測されます。

豊臣氏が滅亡した、慶長二十（一六一五）年の大坂夏の陣では、前年の冬の陣のあとに大坂城の堀が埋められていたわけですから、戦うプロである武士たちには、当然勝てないことはわかっていました。このため、冬の陣の時に一〇万人だった大坂城内の浪人たちは半分に減りましたが、それでも五万人が残り、夏の陣で戦っています。彼らは死を覚悟し、大坂城で死に花を咲かせようと思っていたとしか考えようがありません。

島原の乱に加わった浪人たちも、おそらく同じような心情だったのではないでしょうか。

幕府軍は多大な損害を出しながらも原城を攻め、最後は一揆勢を皆殺しにして戦いが終わりました。言ってみれば、原城は平等を求める人たちの墓標となったわけです。

「天草四郎＝ＡＫＢ48」説

島原の乱の主役として有名なのが、天草四郎時貞《あまくさしろうときさだ》です。今風に表現すれば、四郎はＡＫＢ48のような存在ということになります。

どういうことかというと、要するにチームだったということです。

同じ年格好《としかっこう》の少年たちが、「天草四郎」という名前であちこちに派遣され、一揆勢を鼓舞したわけです。実際、島原の乱に参加した複数の藩の記録に「わが藩が四郎を捕まえ、首を刎《は》ねた」とあります。

この天草四郎チーム説は、熊本大学名誉教授の吉村豊雄《よしむらとよお》さんが史料を検証して学術論文に書いたものです。理に適《かな》っており、納得できる内容だったので、私は吉村論文にもとづき、テレビ番組で解説したことがあります。

すると、地元の議員の方から電話がかかってきて「うちは天草四郎で町おこしをやっているから、困るんだよね」と言われてしまいました。いや、これはよけいな話でした。

天草四郎が何人もいたということは、逆に言えば、そこまでカリスマ的な存在ではなかったということです。要するに、官軍が戦いの時に掲げる錦の御旗のように、戦いをするためのお御輿だったのです。

島原の乱の一揆勢は、聖杯の左右に天使が描かれたキリシタンの旗を使っていました。また、原城跡からは、鉛製の小型の十字架が大量に出土していますが、これは鉄砲玉を溶《と》かして、籠城中に作られたと推定されています。ということは、やはり、宗教性も無視できないわけです。

このように見てくると、島原の乱の一揆勢は、村落共同体のつながり十《プラス》宗教という一向一揆と同じスタイルを持ち、そこに浪人たちが加わり、「神の前での平等」というキリスト教的価値観の象徴として、天草四郎を担いで戦ったと言うことができます。

日本人と宗教

『ローマ人の物語』（新潮文庫）などの著作で知られる作家の塩野七生《しおのななみ》さんは、「私たちは信長という人物を持ててよかった。なぜなら政教分離をしてくれたからだ」という趣旨のことを述べています。

その是非は別として、信長が比叡山延暦寺を焼いたり、一向宗徒を虐殺したりしたことで、宗教の世俗に対する干渉性が低下したことは事実です。
六〇以上の寺院が並ぶ谷中《やなか》（東京都台東区《たいとう》）を散策すると、各宗派の寺が仲良く軒《のき》を連《つら》ねています。日蓮宗《にちれん》の寺の隣に真言宗《しんごん》の寺があり、その隣に浄土宗の寺があります。そこには、宗派ごとの強烈な自己主張はありません。各宗派は江戸幕府によって牙《きば》を抜かれ、力を削がれていたことがわかります。

しかも、檀家《だんか》として寺に所属することでキリシタンではないことを証明させる寺請《てらうけ》制度によって、寺は末端の役所のような役割を押しつけられました。

その結果、寺は檀家とのかかわりのなかで存続することとなり、檀家が亡くなると、寺の僧侶が葬儀を執《と》り行ない、寺の墓地に埋葬するのが通例になりました。まさに、人間の死を一手に引き受ける形で、葬式仏教が生まれたわけです。

日文研名誉教授の末木文美士《すえきふみひこ》さんは江戸時代の仏教を高く評価していますが、実際には宗教的な新しい試みはあまり出てきませんでした。

つまり、キリスト教は完全に弾圧されて地下に潜《もぐ》り（隠れキリシタン）、仏教も宗派の特性を強く打ち出すことが否定されて、十把一絡《じっぱひとから》げに扱われるようになったわけです。そうなると、もう新たな哲学を内包するような壮大な宗教理論が出てくる素地は失われ、結果的に宗教は力を失っていかざるをえませんでした。

宗教が機能しない日本の土壌は、江戸時代にほぼ基本ができたと言えるわけです。江戸時代にも百姓一揆が起きましたが、宗教とは無関係です。過酷な税に対する異議申し立てという形で、百姓たちは命がけで一揆を起こすわけですが、キリスト教や一向宗など宗教の外皮《がいひ》を纏《まと》うことはありませんでした。一揆は、加わる構成員ひとりひとりが対等・平等であることを前提にしたものですから、この平等性を宗教によって担保することができなくなったわけです。

さらに、一揆は、国や藩を越えて結びつくことで大規模かつ強力になるわけですが、藩を越えるにはやはり宗教が必要ですから、島原の乱以後は大規模な一揆は起きにくい状況になっていきました。

天明三（一七八三）年の浅間山《あさまやま》の大噴火によって、被害・大打撃を受けた農民たちが藩を越えて連帯して立ち上がった事例はありますが、幕府や藩が手を打ち、うまく封じ込めています。それだけ、武士の統治能力が向上していたと言えるかもしれません。

武士の変質

兵農分離については、島原の乱が起きる頃にはだいたい収まりがついていたと私は考えています。というのも、島原の乱に多くの浪人たちが加わったということは、裏を返せば、浪人たちにほぼ就職のチャンスがなくなったことを意味するからです。

死しか待っていないのをわかっていながら戦っていたということは、自分の人生がここで終わるという覚悟を持っていた。つまり、武士が戦《いくさ》というチャンスを得られる時代ではなくなったことがわかっていたわけです。

同時に、大名の側も、浪人たちを郷士《ごうし》（城下町ではなく農村に居住して武士身分のまま農業に従事）や庄屋《しょうや》（村を統括する首長）として遇《ぐう》することに取り組みました。具体的には、苗字《みょうじ》・帯刀《たいとう》を許す特権を与えるなどの政策を講じていたのです。

島原の乱によって平等が葬られたことにより、ただひとりの将軍（王）が支配する幕藩体制が整えられていきました。ヨーロッパでは、世俗権力である王は宗教権力である教皇と対峙しましたが、日本ではそのようなことはありませんでした。

浄土真宗の宗主やキリスト教よりも、世俗権力のほうが強いことが、信長や島原の乱によってはっきりと示されたからです。

鎌倉幕府は前述したように「武士の、武士による、武士のための政権」でしたが、この原則は、江戸幕府にも引き継がれています。ということは、江戸幕府は源平の争乱の正統な継承者と言うことができます。また、士農工商という身分制度の確立によって、兵農分離も完成していますから、ここに封建制の完成形を見ることができます。

この後、江戸幕府は、武士を村落共同体から完全に切り離す政策を展開します。その結果、武士は江戸時代を通じてサラリーマン化していきました。たとえば、加賀藩（藩祖・前田利家）では家臣から知行地を取り上げ、特定の土地とは切り離し、一〇〇〇石なら一〇〇〇石のサラリーだけを与える政策に転換しています。

武士は、武士の誕生以来、基盤としてきた土地との連関を断《た》ち切られたわけです。そして、刀を筆に持ち替えて儒学《じゅがく》を学び、サラリーマンとして生きていくことになりました。

結

日本史における「勝者」の条件

最後の大乱

ここまで、多くの乱と変を見てきました。元暦二（一一八五）年に平氏を破った源頼朝が鎌倉幕府を開いてから、江戸幕府最後の将軍・徳川慶喜《よしのぶ》が慶応《けいおう》三（一八六七）年に大政奉還するまでの約七〇〇年間。この間、戦ったのも、政治を担ったのも武士です。武士こそが、歴史の主役でした。ですから、この七〇〇年間を一言で言えば、「武士の時代」ということになります。

この武士の時代を終わらせたのが、一八七七年の西南戦争です。

このように言うと、疑問を持たれるかもしれません。それは、武士の政権である江戸幕府を崩壊させた、一八六八年の鳥羽《とば》・伏見《ふしみ》の戦いに始まり一八六九年の五稜郭《ごりょうかく》の戦いで終わる戊辰《ぼしん》戦争ではないか、と。

確かに、江戸時代を終わらせ、明治という新しい時代を切り開くきっかけとなったのは戊辰戦争です。しかし、戦った官軍も幕府軍も武士であり、武士どうしの戦いです。武士が主役であることは疑いようがありません。

いっぽう西南戦争は、旧薩摩藩を中心とした武士の軍隊・反乱軍と、武士だけでなく百姓や町民も含む徴兵軍（国民軍と言ってもいいかもしれません）・政府軍との戦いです。そして、後者が勝利し、身分としても、存在としても武士がいなくなりました。まさに、武士の時代を終わらせた、「乱と変の日本史」における最後の大乱なのです。

西南戦争は一八七七年二月から九月にかけて、鹿児島県の私学校《しがっこう》生らを核とした士族（一八六九年に旧幕臣と旧藩士に与えられた呼称）たちが、征韓論《せいかんろん》をめぐって大久保利通《おおくぼとしみち》らと対立して政府を下野《げや》していた西郷隆盛を担いで挙兵し、明治政府に対して起こした反乱です。最後は政府軍に鎮圧され、西郷は城山《しろやま》（現・鹿児島県鹿児島市城山町）で自刃《じじん》しました。

反乱軍は約三万人の軍勢を擁し、死者は約六七〇〇人。政府軍は同約七万人で、死者は約六四〇〇人に上りました。死者の合計約一万三一〇〇人というのは、近代日本初の対外戦争である日清戦争の死者約一一〇〇人（病死は約一万二〇〇〇人）と比べても、さらに戦闘が短期間だったことを考えれば、いかに壮絶な戦いだったかがわかります。

西南戦争の勝機

今回、本書を執筆するため、改めて西南戦争を調べていて思ったのは、西郷隆盛が美化されすぎていることです。それを差し引いて、冷静にこの戦争を見直してみると、西郷ははじめから死ぬつもりだったのではないか、少なくとも勝てるとは思っていなかっただろう、と思わざるをえません。

反乱軍はまず、政府軍が籠もる熊本城（現・熊本県熊本市）を包囲・攻撃します。ここには熊本鎮台《ちんだい》（のちの師団）が置かれていましたが、激しい抵抗もあって抜くことができず、田原坂《たばるざか》（現・熊本県熊本市）に転進しました。田原坂は西南戦争・最大の激戦地となりましたが、反乱軍は結局、敗北。鹿児島方面に退却し、西郷の自刃で幕を閉じるわけです。

建武三（一三三六）年、後醍醐天皇の命を受けた新田義貞らに敗れた足利尊氏は九州に落ちのびますが、九州・四国・中国地方の武士たちを味方に引き入れて京都に進軍。義貞らを破っています。

この故事に倣《なら》うなら、反乱軍は熊本城を捨て置いて、東征。すなわち、東京に向けて攻め上る。そして各地で不満を持つ武士たちを吸収し、軍勢を膨らましていく作戦を取ってもよかったのではないか。

実際、この時期に九州・中国地方では佐賀の乱、神風連の乱、秋月の乱、萩《はぎ》の乱など士族たちの反乱が次々と起こっていました。彼らを糾合《きゅうごう》して戦えば、勝機はあったかもしれません。代わりに、未曽有《みぞう》の大乱、内戦になったかもしれませんが……。

現役の陸軍大将であり、多くの戦いを指揮してきた西郷には、熊本城に固執《こしつ》する作戦の非がわかっていたはずです。しかし、西郷は西南戦争を通じて、自分の意見はいっさい言っていません。これは、負けることがわかっていたから何も言わなかったとしか思えない。

評論家の江藤淳《えとうじゅん》さん（故人）は「作戦がまちがいだったと鹿児島兵をバカにするのは意味がない。彼らは最初から東京に辿り着こうなどと思っていなかった。自分が死ぬことを前提に行動していたのだから、そこのところは理解してやりたい」と述べています。

とはいえ、多くの反乱軍兵士は、本気で勝つつもりだったのかもしれません。しかし、西郷は「この戦いは勝てない」とわかったうえで、お御輿に乗ったのです。

西郷隆盛と大久保利通の共通認識

西郷隆盛と大久保利通がどこかの時点で本当に訣別していたのか、いや心中では理解し合っていたのかはわかりません。しかし、確かなことは、彼らに託《たく》されたのが、武士の時代の幕引きという大仕事だったことです。この大仕事は、言い換えれば、それまでの七〇〇年におよぶ日本の歴史を否定するということでもあります。

具体的には一八六九年の版籍奉還《はんせきほうかん》、一八七一年の廃藩置県《はいはんちけん》、一八七六年の廃刀令《はいとうれい》と続きますが、要するに、戦う階層としての武士を否定したわけです。その最後の仕上げが西南戦争でした。全国の武士たちから崇められていた、武士のなかの武士・西郷による、武士の否定——これが西南戦争の本質です。

当然、激しい抵抗が予想されましたから、西郷も大久保も命がけで向き合い、覚悟を決めていたでしょう。西郷の自刃から八カ月後の一八七八年五月、大久保は東京の紀尾井坂《きおいざか》（現・東京都千代田区紀尾井町）で、島田一郎《しまだいちろう》ら石川県の不平士族に暗殺されます。でも、このような事態を、彼は覚悟していたでしょう。

西郷は自分が行なったこと、つまり武士の時代を終わらせるために行動してきたことをよくわかっていたと思います。

武士の時代を終わらせなければ、日本は西欧列強に勝てない。歴史上初の国民軍を使用したナポレオンと、その軍隊の強さを知り、武士の集団よりも徴兵による軍隊のほうが強いことを理解したからこそ、武士の存在を否定する決断をしたわけです。

大久保も同様です。明治政府が打ち出した富国強兵《ふこくきょうへい》とは、経済力の発展と軍事力の強化を目指すものであり、徴兵を前提にした考え方でした。国を豊かにして人口を増やし、たくさんの兵隊を戦場に送り込むという発想は、まさにナポレオンが行なった方法です。

幕末の軍制で、この方法に一番近かったのが薩摩藩でした。薩摩藩では一〇〇石の武士をひとり作るのではなくて、一石の武士を一〇〇人作るという考えで、軍を整えていました。だから、薩摩軍は強かったのです。

また、明治日本が戦ったロシアや、当時のヨーロッパ諸国の軍隊は、前近代の身分制を引きずり、将校は旧・現を問わず、貴族や領主層が占めていました。

いっぽう、日本では武士を否定したうえで、陸軍士官学校・海軍兵学校を設立。身分を問わずに教育を施《ほどこ》し、将校としました。ということは、もっとも近代化された軍隊を作ったのが、明治日本ということになります。

西南戦争では武士の軍勢と、徴兵によって編成された軍隊が戦ったわけですから、西郷には当然勝てないことがわかっていました。ということは、西郷は西南戦争で死に場所を求め、「最後の武士たち」を引き連れて、あの世に行こうとしたのかもしれません。

勝者と敗者を分けるもの

武士の時代七〇〇年間を俯瞰《ふかん》すると、次のようになります。

まず、天皇の下のひとつの権門と位置づけられていた武士が自立、東国に政権を打ち立てました。東国政権は京都の朝廷をも飲み込むのですが、関東や東北を切り離して小さめの国家を作ります。その後、政権争いに端を発した一〇年におよぶ乱のあと、それはバラバラになりました。それらは全国的な争いののちに統一されるのですが、その過程で宗教勢力は排除され、武士はサラリーマン化していきます。そして、武士の手によって、武士の時代を終わらせた。

武士の時代が終わるまでに多くの戦いが繰り返されてきましたが、その勝者と敗者を分けたものは何でしょう。つまり、この国における勝者の条件とは何か。

それは、日本の歴史のトレンド（潮流）に乗った者が勝つということです。さらに言えば、「序」で述べたように、時代・社会の要請に忠実な者が勝つのです。この場合、社会とは貴族や武士などの支配階級だけでなく、農民や商人ら一般大衆を含めたものを意味します。

たとえば、織田信長は長い戦国時代を終わらせたわけですが、それは多くの人たちが「もう戦乱はイヤだ。平和な世の中がいい」と強く望んだからにほかなりません。逆に、信長に弾圧された一向宗が、平等という普遍的な価値を掲げたにもかかわらず負けたのは、当時の人たちが平等よりも平和を求めていたと理解すべきでしょう。

源平の争乱である治承・寿永の乱は、源義経の軍事的天才ばかりがクローズアップされる傾向にありますが、私は義経がいなくても、別の人物が出てきたかもしれないし、あれほど華々しい結果ではなく泥臭い形で決着がついたかもしれない。それでも、最終的には、やはり源氏が勝利したと考えています。

というのは、源平の争乱の本質は源氏vs.平氏ではなく、武士の存在を問う戦い、すなわち東国国家論vs.権門体制論だったからです。当時の武士たちの「オレたちの政権を作りたい」という願いを理解・実行した頼朝が勝利するのは当然でしょう。

ですから、歴史という大きな流れのなかで必要とされた者が勝ち、必要とされなかった者が負ける。まさに勝者は勝つべくして勝ち、敗者は負けるべくして負けているわけです。

歴史のトレンドを読む

歴史のトレンドは株価に似ています。株価は日々変動していますが、大きく成長する企業の株は短いスパンでは上下しても、長い目で見れば上がっています。ということは、上がるのが当然と思える優良企業の株を買え、ということになります。

同じように、日本列島のなかで生き残るには、時代のトレンドを読まなくてはなりません。これが簡単なようで、大変難しい。

多くの人は「歴史のトレンドに乗る＝勝ち馬に乗る」と考えがちです。これはまちがいではありません。しかし、自分が勝ち馬だと思っていたもの（たとえば圧倒的勢力を誇っていた平氏）が、実はそうではなかったりします。また、目の前の事象を勝ち馬と見誤ることもあります（たとえば後醍醐天皇の建武政権）。

確かに、確定した歴史の流れに抗《あらが》うよりも、ある意味流されたほうが、その個人の社会的充実にはつながります。

いっぽう、勝ち馬・尻馬《しりうま》に乗らない選択もあります。西南戦争で戦った武士たちは、まさにそれです。「武士の世の中は二度と来ない」というのが、当時のトレンドでした。しかし、彼らは自分たちの意地を通すために立ち上がったわけです。

ここには、個人と歴史、個人と社会の対比という問題が横たわっています。「オレが生きている価値は何だ。損得は別としてオレの意見を通そう」という意思や価値観は否定できません。これは「人間とは何か」に通じる、根本的な問題でもあります。

さらに、皆が歴史のトレンドだと思っていたものが、実はまったく違っていたということがあるかもしれません。これが大きな悲劇を生むことは、文字通り歴史が証明しています。ですから、歴史の勉強がとても大切なのです。

この国で生きるために

これは「序」でも触れましたが、日本の特徴は外敵の侵入が少ないことです。外敵の侵入が多ければ、その国の歴史のトレンドを曲げてでも、それに対応しなければなりません。また、穏やかな風土のもと、鎖国しても食べていけるくらいには豊かでした。積極的に、国外に出なくてもすんだわけです。

宗教を見ると、日本には一神教が根づくことはなく、基本的には多神教でした。一神教は文字通りイエスかノーかの選択を迫るために、時代を極端に変えることがあります。いっぽう、多神教はイエスかノーかだけでなく、第三・第四の選択肢が出てくるため、時代の変化が穏やかになります。

さらに、天皇・朝廷という上部構造が世襲で変わらないため、その下の権力が変わっても、中国の王朝交代のような大変動は起きませんでした。

つまり、日本史には突然変異が起きにくいのです。したがって、日本はゆっくりと進み、蓄積が生かされていく社会と言うことができます。そして社会が安定しているため、歴史のトレンドは比較的読みやすくなります。

今、私たちが生きている時代はどのような時代か。それはあるトレンドの終わりなのか、始まりなのか、はたまたその中央に位置しているのか。これを見極めるには、歴史の大きな流れをつかむ必要があります。歴史を学ぶ意味はここにあるのです。

切りとり線

★読者のみなさまにお願い

この本をお読みになって、どんな感想をお持ちでしょうか。祥伝社のホームページから書評をお送りいただけたら、ありがたく存じます。今後の企画の参考にさせていただきます。また、次ページの原稿用紙を切り取り、左記まで郵送していただいても結構です。

お寄せいただいた書評は、ご了解のうえ新聞・雑誌などを通じて紹介させていただくこともあります。採用の場合は、特製図書カードを差しあげます。

なお、ご記入いただいたお名前、ご住所、ご連絡先等は、書評紹介の事前了解、謝礼のお届け以外の目的で利用することはありません。また、それらの情報を6カ月を越えて保管することもありません。

〒101-8701（お手紙は郵便番号だけで届きます）
祥伝社新書編集部
電話03（3265）2310
祥伝社ホームページ　http://www.shodensha.co.jp/bookreview/

★本書の購買動機（新聞名か雑誌名、あるいは○をつけてください）

＿＿＿新聞の広告を見て	＿＿＿誌の広告を見て	＿＿＿新聞の書評を見て	＿＿＿誌の書評を見て	書店で見かけて	知人のすすめで

★100字書評……乱と変の日本史

名前
住所
年齢
職業

本郷和人　ほんごう・かずと

東京大学史料編纂所教授、博士(文学)。1960年、東京都生まれ。1983年、東京大学文学部卒業。1988年、同大学院人文科学研究科博士課程単位取得退学。同年、東京大学史料編纂所に入所、『大日本史料』第5編の編纂にあたる。東京大学大学院情報学環准教授を経て、現職。専門は中世政治史。著作に『新・中世王権論』『壬申の乱と関ヶ原の戦い』『上皇の日本史』『承久の乱』『日本史のミカタ』(井上章一氏との共著)などがある。

乱《らん》と変《へん》の日本史《にほんし》

本郷和人《ほんごうかずと》

2019年 3 月10日　初版第 1 刷発行
2019年 5 月20日　　　　　5 刷発行

発行者……………辻 浩明
発行所……………祥伝社《しょうでんしゃ》
〒101-8701　東京都千代田区神田神保町3-3
電話　03(3265)2081(販売部)
電話　03(3265)2310(編集部)
電話　03(3265)3622(業務部)
ホームページ　http://www.shodensha.co.jp/

装丁者……………盛川和洋
印刷所……………萩原印刷
製本所……………ナショナル製本

Printed in Japan　ISBN978-4-396-11565-4　C0221